好かれて人間関係がラクになる！

言い方&返し方の技術

山口拓朗 著

YAMAGUCHI TAKURO

日本文芸社

はじめに

仕事も家庭も、友だち付き合いも、コミュニケーションなくして成り立ちません。会議がウェブ上で行われるようになっても、メールでのやり取りが増えても、SNSの活用が増えても、コミュニケーションの重要性は変わりません。

コミュニケーションツールが充実し、価値観が多様化した現在では、コミュニケーション能力を問われる場面は、ますます増えています。こうした状況に呼応するように、悩みもどんどん増加しています。

「取引先との話がかみ合わず、仕事がスムーズに進まない」
「気遣いの言葉をかけたつもりが、イラッとされた」
「部下に注意したら〝パワハラだ〟と辞められてしまった」
「旅行の話をしただけなのに自慢ととられ、友だちに避けられるようになった」

そんな人間関係のトラブルの多くは、ふさわしい言葉を選べていないことが原因。つまり、言葉のチョイスを改善するだけで伝わり方は格段によくなり、コミュニケーション能力も、あなたの好感度もアップするのです。

本書は「失礼な言葉」「イラッとさせる言葉」を、「言いかえる」事典です。自分がよく使う言葉、耳にする言葉を振り返りながら読んでみてください。無意識に使っていたイラッとさせる言葉を見つけたら、一歩前進。間違っていた敬語の使い方に気づいたら、さらに前進です。

言葉で損や失敗をしないためにも、本書を参考に、ふさわしい言葉のチョイスを積み重ねてみてください。その積み重ねこそが、あなたの人柄となり、人とのつながりを豊かに育《はぐく》んでくれるでしょう。

山口拓朗

好かれる会話の6ケ条

1

「聞き上手」は好かれる会話の第一歩

「話を聞いてほしい」というのは、誰もが持つ強い欲望です。「趣味の釣りで自分史上最大の魚を釣った！」「上司から理不尽な理由で叱られた…」。嬉しいときも悔しいときも、誰かに話したくなるのが人間です。

そんなとき、快く話を聞いてくれる人がいたら、気分スッキリ！ですよね。つまり、気持ちよく話をさせてくれる聞き上手さんは、誰にとっても大事な存在。好かれること間違いなしです。

話を聞くときは、否定や批判、対抗心は捨てましょう。余計なツッコミも不要です。相手の話したい気持ちを受け止めて、最後まで聞けたら合格です！

2

好かれる人ほど相手の話に共感している！

相手の気持ちを想像し、共感することは、人間関係においてとても大切です。嬉しい、悲しい、寂しい、楽しい…どんな気持ちで話しているのかを感じ取り、感情に寄り添う受け答えをしてくれる人は、気持ちをわかってくれる人。信頼されるはずです。楽しい話には明るいトーンで、心配な話には落ち着いたトーンで、共感を表現しましょう。

共感してくれると
嬉しくて、
もっと話したく
なりますよね

3

笑顔は「あなたの敵ではありません」のシグナル

「私たちは、幸せだから笑うのではない。笑うから幸せなのだ」

これは、フランスの哲学者アランの言葉です。笑顔によってその場の雰囲気は自然とやわらかく、そして明るくなり、その場にいる人は幸せな気分になれるでしょう。相手にも「私はあなたの敵ではありません」という気持ちを伝えることができます。

笑顔を見せることは、楽しい会話が始まる合図！　特に初対面での不安や緊張は、笑顔であっさり消し去ることができます。

4

無意識に使う〝イラッとワード〟に注意！

「この人との会話はいつもイラッとする…」。そんな経験はありませんか？　原因は、相手がよく使うフレーズに潜んでいるのかもしれません。

「でも」「ていうか」で話の腰を折る。「つまり」「要するに」などで頭がいい風をアピールする。「いやいや」「はいはい」などの繰り返し言葉で否定的な雰囲気を醸す。これらはすべて不快感のもと。

まずは、自分が何気なく使う言葉を振り返ってみましょう。イラッとワードを使っていることに気づけたら、好かれる話し方へ大きく前進です。

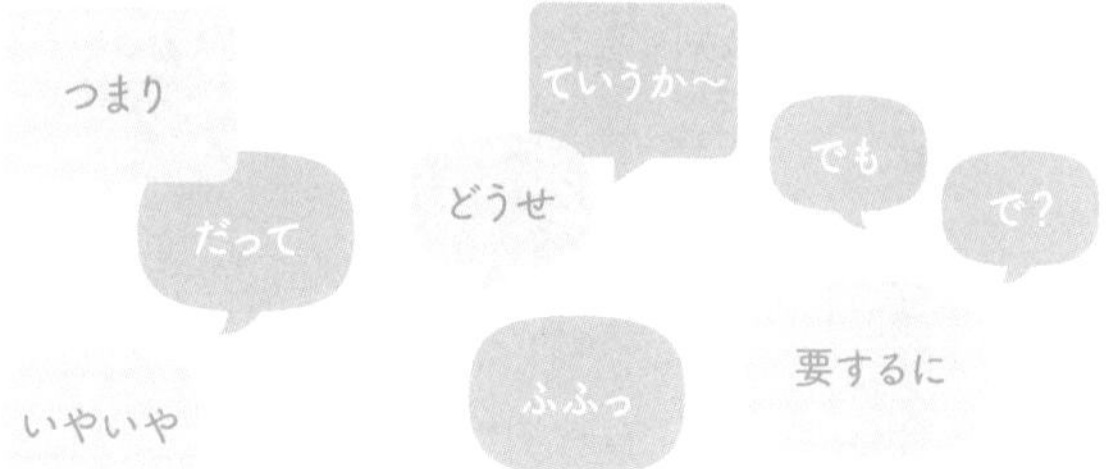

5

「剛速球」や「超スローボール」は控えよう

よく言われるように、会話は言葉のキャッチボールです。相手が楽しくキャッチボールをしたいと思っているにもかかわらず、こちらが剛速球や超スローボールばかり投げていると、やりづらい…という印象を与えてしまいます。

特に早口は要注意。聞き取りづらいほどの早口は、相手にとって大きなストレスです。場合によっては、「何かをごまかそうとして焦っているのでは?」と変な勘ぐりを入れられてしまうかもしれません。

プレッシャーから早口になるケースもあるので、緊張を感じたときは深呼吸。焦らず、ひと呼吸置きながら話すよう、心がけましょう。

6

内容に「情熱」を、相手に「愛」を込めて！

目の前にいる相手が、どれだけ本気で話しているかというのは、案外すぐにわかるものです。

「これ、うちの商品の中で一番人気です。オススメです」を繰り返す販売員と、「○○さんはどんなことにお困りですか？」と、こちらの悩み事に真摯《しんし》に耳を傾けてから解決策を提案してくれる販売員がいたら、断然、後者のほうが印象に残りますよね。

両者の違いは「情熱」と「愛」。商品のよさを伝えたいという「情熱」と、人の役に立ちたいという「愛」が強いエネルギーとなり、本気の思いとして相手に伝わるのです。

「情熱」と「愛」をもって楽しく伝えることは、好かれる話し方の土台です。まずはあなたの中にある「情熱」と「愛」の総量を増やしていきましょう。

もくじ

はじめに 2
好かれる会話の6ケ条 4

1章 挨拶

【ビジネス編】
初対面の挨拶・会話の基本 16
身内を紹介する 19
久しぶりの挨拶 20
お別れの挨拶 22
感謝を伝える 24
仕事のお礼 26
贈り物へのお礼 30
贈り物を渡すとき 31

【友人・知人編】
心を開いてもらいたい 32
お礼の挨拶 34
ワンポイント！ 知人宅を訪問するとき&家に招待するときのフレーズ集 35
COLUMN 1
表情&ジェスチャーで信頼性が格段にアップ！ 36

2章 お願い・相談・交渉

お願いをする 40
参加の案内をする 44
ワンポイント！ すぐに使える！ お願いフレーズ集 45
相談したい・教えてもらいたい 46
要望を伝えて交渉したい 48
懸念事項を伝えたい 50

これで教養力アップ❶
語彙力をアップして同じ言葉の繰り返しを防ぐ 52

3章 謝罪する・断る

謝罪・反省を伝える 58
スマートに断る 60
ワンポイント！ すぐに使える！ 断りフレーズ集 63
COLUMN 2 モヤッとさせる曖昧言葉にご用心！ 64

4章 叱る・指摘する

苦情を伝える 68
催促・確認をする 70
やる気を出させる叱り方 74

これで教養力アップ❷
知っておきたい〝ビジネス横文字〟辞典 78

5章 自己主張・反論

自分の意見を伝えたい 84
反論・違う意見を伝えたい 86
弁明したい 88
COLUMN 3 これって失礼!? 丁寧そうな言葉に潜む落とし穴
1 くどくて無礼な〝二重敬語〟を言いかえ 90
2 〝丁寧だけど少し失礼〟な表現を言いかえ 92

6章 ほめる・気遣い

ほめ言葉をかける 96
気遣いの言葉をかける 100
COLUMN 4 そのひと言がパワハラ・モラハラ、セクハラになる！ 102

7章 電話・メール・SNS

【電話編】
スマートな電話応対の基本 110
ワンポイント！ 電話応対で使えるフレーズ集 112
【メール編】
見落とされないメールの基本 114
誤読を防ぎたい 115
メールの文面を見やすくしたい 116

印象のよい依頼文 118
誠実なお詫びの文書 120
苦情・抗議の文書 122
メールで退職の挨拶を送る 126
メールを転送する際のマナー 130
ワンポイント！ 正しい敬称をチェック！ 131
【SNS編】
嫌われないSNSの書き方 132
COLUMN 5 〝軽いメール言葉〟をきちんと言いかえ！ 136

8章 冠婚葬祭

【お祝い編】

祝福を伝える 142

【お見舞い編】

いたわりの気持ちを伝える 144

【お悔やみ編】

お悔やみの言葉をかける 146

事務的な連絡をしたい 150

ワンポイント！ お悔やみの場面で避けたい忌み言葉 151

これで教養力アップ❸ いざというときに役立つ祝儀袋、香典袋のマナー 152

9章 雑談をする

もっと仲よくなりたい 156

ワンポイント！ 相手の心を開く！〝合いの手〟集 159

会話を盛り上げたい 160

さりげなく話題を変えたい 164

途中から会話に参加する 166

返事をする・質問に答える 168

乗り気にさせる誘い方 172

愚痴に対する上手な返し 174

また同じ話題…どう返す？ 176

ワンポイント！ こんな話題はモメ事の原因！ 177

COLUMN 6 ちょっと待って！ その発言… 自慢&マウンティングかも！ 178

よくある敬語の間違いをまとめておさらい 184

1章 挨拶

初対面から日常会話、別れの場面、お礼を伝える場面まで、私たちは毎日、数え切れないほどの挨拶を交わします。気持ちのよい挨拶は、あなたを明るく支える宝物！　人間関係を円滑にし、信頼感を高める挨拶の言葉をマスターしましょう。

イラッ！
ご苦労さまです。
なんか大変そうですね～
ムムッ…　なんだこいつ！
気分悪っ！

言い方次第で、
こんなに好印象に！

＼ 好印象！ ／

○

お疲れさまです。
○○プロジェクトの件
すばらしい
ご活躍ですね！

素直に嬉しい！　ありがとう！

ビジネス編

初対面の挨拶・会話の基本

普通…

×

○○社の○○です

好かれる!

○

○○社の○○です。○○さんですね、お会いできて光栄です

言いかえPOINT

社名、部署、名前を名乗るのは基本中の基本ですが、相手の名前を呼ぶと「もう覚えてくれたんだ！」と好印象を与えることができ、相手にも覚えてもらいやすくなります。さらに、「お会いできて嬉しい！」という気持ちを加えましょう。「光栄です」はもちろん「嬉しいです」とストレートに伝えてもいいでしょう。

失礼！

×

なんと読むのですか？

好印象！

○

珍しいお名前ですね。なんとお読みすればよろしいですか？

言いかえPOINT

名刺に書かれた名前を読めないときは、すぐに聞くのがベスト。わからないままにせず、名刺交換のタイミングで丁寧に質問しましょう。「なんとお読みすればよろしいですか？」と聞けばOK。読み方を聞いたら「珍しいお名前ですね！」「素敵ですね」などと、積極的に話題にするのもオススメです。

無愛想

×

よろしくお願いいたします

好印象！

○

○○を担当しております○○です。御社の○○を愛用しています

言いかえPOINT

名前を名乗り、「よろしくお願いいたします」という言葉に続けて、相手の会社への思い入れなどを伝えると、格段に印象がよくなり、その後の話も弾むでしょう。もちろん、ウソは禁物！　会話を続けるうちにバレてしまいます。相手や相手の会社に対して敬意や好意を示すことができれば及第点です。

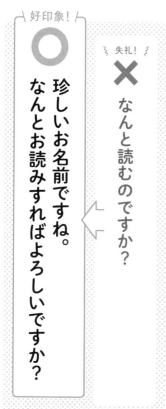

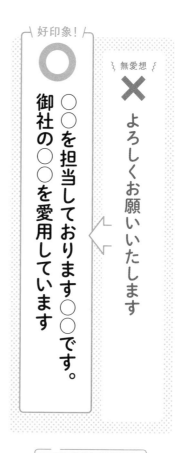

ムムッ

✕（名刺を忘れた）

すみません、名刺を忘れてしまいまして

スマート！

○

名刺を切らしてしまいまして

言いかえPOINT

名刺を忘れてしまったときに、その理由を正直に伝えてしまうと、誠意が足りないと思われるかもしれません。「名刺を切らしてしまいまして」と、お詫びをするのがスマート。自分の名前はハッキリとわかりやすく伝え、名刺は後日お会いするときに渡すか、手紙や資料と一緒に送るのが丁寧な対応です。

唐突！

✕（名乗りそびれたら）

あ、すいません、○○です

スッキリ！

○

申し遅れました。○○と申します

言いかえPOINT

自己紹介のチャンスを逃してしまった場合は、話が一段落したタイミングやひととおりの話が終わってから自己紹介をするのがマナー。その際は冒頭に「申し遅れました」とひと言添えましょう。気が急いたからといって、話の途中で突然、名乗ったりすると「空気を読めない人」と思われるのでご注意を！

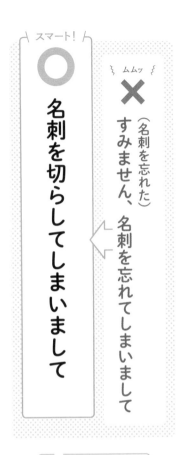

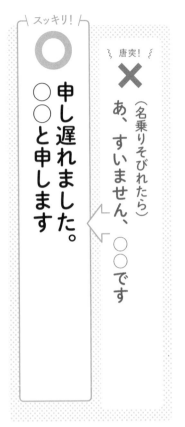

挨拶

身内を紹介する

ムムッ

✕

うちの○○部長です

好印象！

○

ご紹介します。こちら、弊社の○○でございます

言いかえPOINT

自社の担当者や同伴者を紹介する際は、「弊社の」や「当社の」を使うのが基本です。身内を紹介することになるので、たとえ上司であっても「○○さん」「○○部長」といった敬称は不要。家族や親族を紹介する場合も同様です。「お父さんの○○です」などと言うと、常識知らずと思われます。「父の○○です」と言いましょう。

挨拶

久しぶりの挨拶

失礼！

×

お久しぶりです、お元気でしたか？

好かれる！

○

ご無沙汰しております。お元気そうで何よりです

言いかえPOINT

ビジネスの場面では「久しぶり」を丁寧に表現した「ご無沙汰」を使います。再会を喜ぶ言葉に「お元気そうで～」と気遣いのひと言を添えれば、その場の雰囲気がさらに和やかになるでしょう。さらに「○○のときはお世話になりました」と具体的な内容を伝えれば、会話も盛り上がること間違いなしです。

失礼！

✕ ご苦労さまです

イイね！

○ お疲れさまです

言いかえPOINT

「ご苦労さま」は上の立場の人が目下の人に対して使う表現なので、仕事相手と久しぶりに会った際には、「ご苦労さま」ではなく「お疲れさま」を使いましょう。まれに、「疲れてないわ！」と思う人もいるようなので、その場合は、「ご無沙汰しております」などの挨拶にとどめておきましょう。

モヤモヤ…

✕ なんだか大変そうですね

スッキリ！

○ すばらしいご活躍ですね

言いかえPOINT

「大変そうですね」などと言うと、「余計なお世話だ！」と、相手を嫌な気分にさせてしまうことがあります。挨拶では、ネガティブな言葉ではなくポジティブな言葉を使いましょう。活躍ぶりを耳にしているなら「すばらしいご活躍ですね」、目下の人であれば「期待されていますね」なども、オススメの表現です。

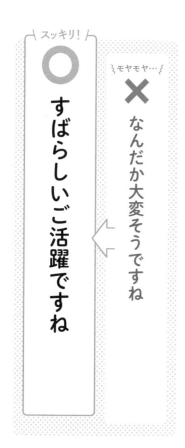

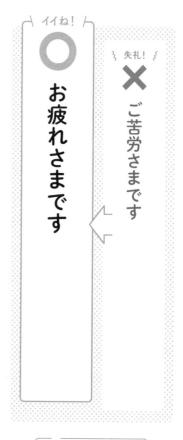

挨拶

お別れの挨拶

無愛想

×

それでは、また

好印象！

○

お話しできて嬉しかったです。失礼いたします

ぷいっと背中を向けるのは冷たい印象…

言いかえPOINT

「それでは、また」だけでは淡白すぎて、相手に「なんだか感じが悪いなあ」と思われかねません。別れる際の定番フレーズは「失礼します」ですが、それだけでも少しそっけない印象。お目にかかれた嬉しさやお礼の言葉を添えると、グッと丁寧な印象になります。笑顔で「お話しできて嬉しかったです」と伝えればGOOD！

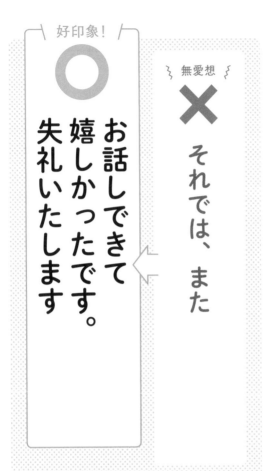

＼うーん／

✕ お疲れさまでした。さようなら

＼スマート！／

〇 ご足労いただき、ありがとうございました

言いかえPOINT

相手に足を運んでもらったにもかかわらず「お疲れさま」や「さようなら」だけで済ませようものなら、雑な対応だと思われても仕方がありません。「ご足労」は「足を疲れさせる」ということを意味する敬語。雨の日なら「あいにくの雨のなか〜」などと添えれば、気遣いが感じられ、別れ際の印象がよくなります。

＼イヤな感じ／

✕ すいません、急いでおりますので

＼スマート！／

〇 本日は次の予定がありまして

言いかえPOINT

次の予定があり、急いで立ち去らなくてはならない場合に、「急いでいる」と自分の都合を押しつけて、慌てて立ち去るのは失礼。「次の予定がある」と伝えることで、相手にも快く納得してもらえます。事前に「本日は別件があり、〇時で失礼させていただきます」と予定を伝えておくとスマートです。

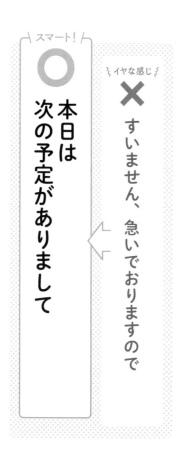

挨拶

感謝を伝える

普通…

×

ありがとうございます

↓

好かれる!

○

心より感謝申し上げます

言いかえPOINT

「ありがとうございます」はお礼を伝える定番フレーズ。コミュニケーションには欠かせないフレーズですが、より丁寧に気持ちを伝えるなら、「心より感謝申し上げます」や「感謝してやみません」「感謝の気持ちでいっぱいです」などの言い方を使い分けましょう。直前に「○○していただき〜」と添えると、さらにスマートです。

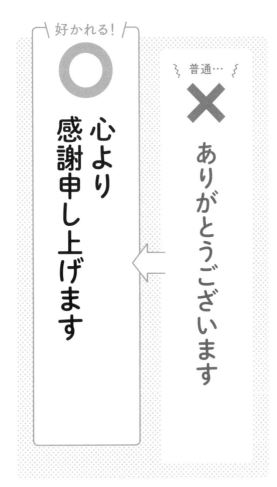

普通…

✕ お世話さまです

好印象！

○ いつもお力添えいただき、誠にありがとうございます

言いかえPOINT

「お世話さまです」は砕けた表現なので、少し敬意に欠ける印象です。部下や後輩、上下関係のない相手に対して使うのはOKですが、目上の人や社外の人に対して使うのは控えましょう。「お力添え」は、「力を貸してもらい」という意味。お世話になった感謝を伝えたいときにぴったり。プライベートでも使えます。

ムムッ…

✕ お忙しいところ、わざわざすみません

スマート！

○ お忙しいところお時間をいただきありがとうございます

言いかえPOINT

「すみません」は申し訳ない気持ちを含む言葉なので、お礼を伝えるには不向き。素直に「ありがとうございます」と伝えましょう。「わざわざ」は、ときとして上から目線だと受け取られ、相手に不快感を抱かせてしまうことがあります。「お忙しいところお時間をいただき～」と言うのがオススメです。

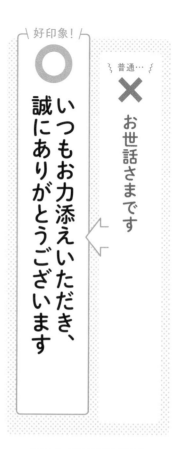

挨拶

仕事のお礼

普通…

×

お世話になりました

スッキリ!

○

おかげさまで○○することができました

心がこもった感謝の言葉は嬉しいものです!

言いかえPOINT

お礼の言葉が「お世話になりました」だけでは、ぶっきらぼうだと思われても仕方がありません。力を貸してもらったときは「おかげさまで○○できました〜」「ご尽力のおかげです」「○○さんのおかげにほかなりません」と具体的な内容を添えたり、相手の名前を出したりすることで、感謝の気持ちが伝わりやすくなります。

デキる人！

うーん
×
本当に助かりました

○
ありがたく存じます

言いかえPOINT

親しい間柄であれば「本当に助かりました」でもOKですが、大きな仕事やかしこまった冠婚葬祭の場面では、一段上の丁寧さと気配りが大切。「ありがたく存じます」という謙譲語を使えば礼儀正しく感謝の気持ちを伝えることができます。“恐縮する”という意味を含ませたいときは「痛み入ります」も使えます。

スマート！

普通…
×
お疲れさまでした

○
ご尽力いただき
ありがとうございました

言いかえPOINT

「お疲れさまでした」は相手をねぎらう言葉であり、感謝を伝えるには不十分。仕事で力を借りたときは「ご尽力いただき」や「ご協力いただき」「お骨折りをいただき」などがオススメ。場面に応じて、「ご配慮いただき」「ご教示いただき」「お口添えいただき」など最適な言葉を選びましょう。

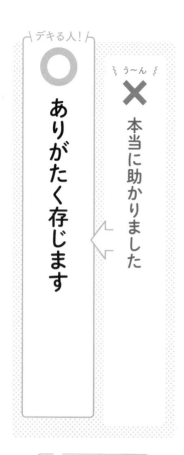

う〜ん

×

（助言へのお礼）

とてもためになりました

好かれる！

○

大変励みになります

言いかえPOINT

助言していただいたお礼を伝える場合、近い存在の先輩や上司であれば「ためになりました」を使っても問題ありません。一方、かなり上の立場の人には馴れ馴れしい印象を与えてしまうことがあります。「大変励みになります」とお礼の気持ちを伝えれば、誠実さ、礼儀正しさを印象づけられるでしょう。

普通…

×

いろいろとありがとうございました

好印象！

○

お礼の言葉もありません

言いかえPOINT

言葉では表現できないくらい深く感謝していることを伝えるには「いろいろとありがとうございました」では物足りません。たっぷりと気持ちを込めて「お礼の言葉もありません」と伝えてみましょう。感謝してもしきれないという意味の「感謝（の念）に堪えません」を使うのもオススメです。

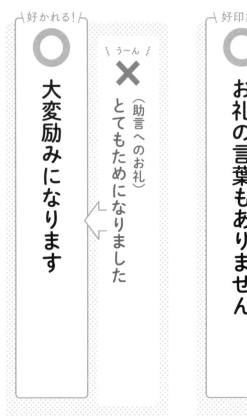

ムムッ…

✕ おかげさまです

好印象！

○ お力添えいただいたおかげです

言いかえPOINT

「おかげさまで～」は決まった形の言い方なので「おかげさまです」は文法的に間違った使い方。「おかげさまで○○できました」とするのが正解です。ほかにも、「○○さんのおかげで○○できました」という表現も使えます。相手の名前や具体的な内容を添えることで、感謝の気持ちがより伝わるでしょう。

う～ん

✕ （ほめ言葉へのお礼）私なんて、全然ダメで…

スマート！

○ そのようなお言葉をいただき光栄です

言いかえPOINT

おほめの言葉をいただいたら、素直に嬉しい気持ちを伝えましょう。謙遜のつもりであっても「私なんて全然ダメで…」などと、後ろ向きな言葉を発すると、ほめてくれた人をガッカリさせてしまうかもしれません。ほめられたとき、笑顔で「光栄です」と前向きな言葉を使える人は相手から可愛がられます。

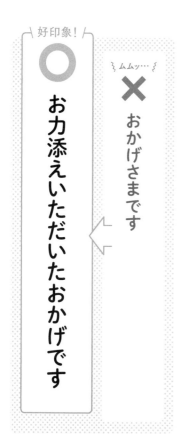

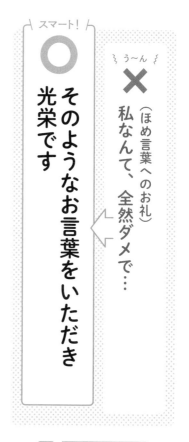

挨拶

贈り物へのお礼

普通…

×

贈り物、ありがとうございます

スマート!

○

ありがたく頂戴します

言いかえPOINT

「頂戴する」は「もらう」の謙譲語。贈り物をもらった際はもちろん、名刺交換、資料をもらう際、メールや電話を受けた際、相手に時間を割いてもらう際にも使えます。ちなみに「頂戴いたします」は二重敬語。「頂戴」も「いたします」も謙譲語であるため、くどいと思われることがあるのでご注意を。

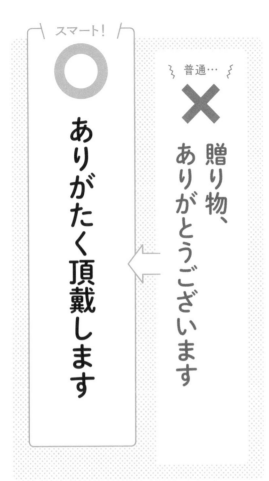

挨拶

贈り物を渡すとき

うーん

✕

つまらないものですが

好かれる!

○

○○がお好きと伺いましたので。お口に合うとよいのですが

言いかえPOINT

「つまらないものですが〜」は、昔から使われるへりくだった言い方ですが、近年では「つまらないと思うものを贈るなんて!」と感じる人が増えたため、使わないほうが無難。食べ物を贈る場合は「お口に合うとよいのですが…」、その他の物は「お気に召しますかどうか…」など相手の好みを尊重する言葉を使うといいでしょう。

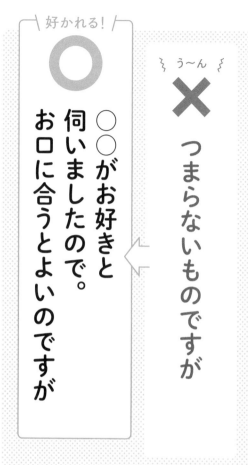

挨拶

友人・知人編

心を開いてもらいたい

✕ うーん

(自己紹介で)
○○商社に勤めています

好かれる!

○

○○です。
こう見えて小心者で、
今もちょっと緊張しちゃって!

言いかえPOINT

初対面は、お互いに警戒し、緊張している状態です。相手の警戒心を和らげるために「私はこんな人間なんです」と、飾らずオープンに伝えてみましょう。素の自分をさらけ出すことで、相手も自分のことを打ち明けやすくなり、会話が弾みやすくなるでしょう。もちろん笑顔で、声のトーンも明るく!

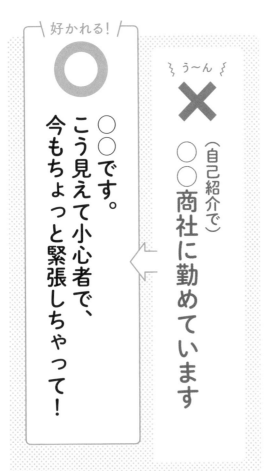

好印象！

無愛想

✕ こんにちは…

○ ○○さんこんにちは。よく晴れましたね！

言いかえPOINT

挨拶は会話のきっかけのひとつ。「こんにちは」など一般的な挨拶だけでは、相手との距離は縮まりません。コミュニケーション能力をアップさせたいなら、“挨拶の後にひと言チョイ足し”の習慣をつけてみましょう。天気の話題は誰にでも使える万能ネタです。気負わず軽やかに使ってみてください。

好かれる！

無愛想

✕ あ、先日はどうも

○ 以前おっしゃっていた、腰の具合はどうですか？

言いかえPOINT

以前、会話をしたことがある人にそっけなくするのはNG！　以前の会話を思い出して「以前おっしゃっていた～」と話題を差し出せば、相手は「覚えてくれていて嬉しい！」「気にかけてくれている」と、好意を持つはずです。これができるのは相手への関心と愛情がある証。気持ちを込めて話しかけてみましょう。

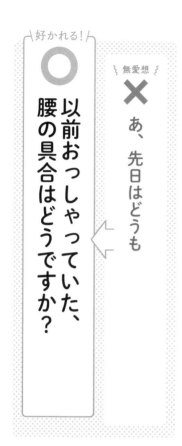

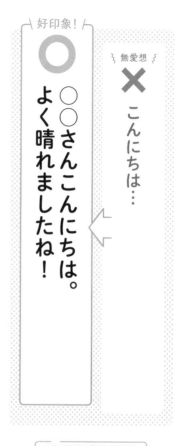

お礼の挨拶

普通…

×

美味しかったです～
ありがとうございました

好かれる！

○

先日いただいた○○、
夫が「美味しい！」って
大喜びで！

言いかえPOINT

想定内のお礼では、相手の心に響きにくいもの。いただき物のお礼を伝えるときにオススメなのが、第三者の「喜びの声」を伝えるという方法。自分の贈り物が、相手と相手の大切な人に喜んでもらえることは、贈り主にとって大きな喜びです。もちろん、具体的に「喜びの声」を伝えてくれたことにも感謝の念を抱くでしょう。

ワンポイント!

知人宅を訪問するとき＆家に招待するときの フレーズ集

訪問するとき

訪問時の挨拶

本日はお招きいただきありがとうございます

食べ物や飲み物などを出されたとき

遠慮なくいただきます

引き留められたとき

今日は遠慮させていただきます

帰るとき

そろそろおいとまします

招待するとき

迎え入れる

どうぞお上がりください

いただいた手土産を出すとき

おもたせで恐縮ですがお召し上がりください

お客様が帰るとき❶

なんのお構いもできませんで

お客様が帰るとき❷

お足元に気をつけてお帰りください

COLUMN 1

表情&ジェスチャーで信頼性が格段にアップ！

「人はコミュニケーションの大半を非言語で行っている」と言われています。言葉だけでなく、表情やジェスチャーを交えて、思いを伝えてみてください。少し誇張するぐらいがちょうどいいサジ加減です。伝わる度合いが格段にアップするでしょう！

ジェスチャーに思いを込めよう

会話をしているとき、「いいですね！」と言っている相手の表情が曇っていたら「本当にいいと思ってる？」と疑いの気持ちが膨らみます。「面白そう！」と言いながら、スマホやペンをいじっていたり、よそ見をしたり、キョロキョロしながら髪や顔を触っていたら「ムムッ！」と思いますよね？

私たちは、言葉だけでなく表情やしぐさなども含めて、相手の本音を読み取っています。つまり、「表情やジェスチャーでも伝えよう」という意識を持つことで、わかりやすさと信頼性が格段にアップするのです。

相手の気持ちになって、どうすれば伝わりやすくなるかを考えることが肝心です。会話の内容に合わせた表情、ジェスチャーを取り入れてみましょう。

印象が悪い！〝ムダなジェスチャー〟もチェック

□よそ見をする □スマホやペンをいじる □小刻みに動く

□腕を組む □やたら髪や顔をいじる □キョロキョロする

有効なジェスチャーはこれ！

誠実さ、正直さを込めて

「大丈夫です！」

手のひらを相手に見せる

強く気持ちを込めて

「頑張ります！」

胸の前で拳をギュッと握る

安心の気持ちを込めて

「ホッとしました」

胸にそっと手を当てる

お任せくださいの気持ちで

「自信があります」

胸の前で人差し指を
ピンと立てる

2章 お願い・相談・交渉

お願いごとや相談、交渉の目的は、相手に快く受け入れてもらうことです。「よく断られる」「話がこじれやすい」という人は、言葉の選択がよくないのかも。相手を惑わせるモヤモヤワードを、スッキリ言いかえましょう。

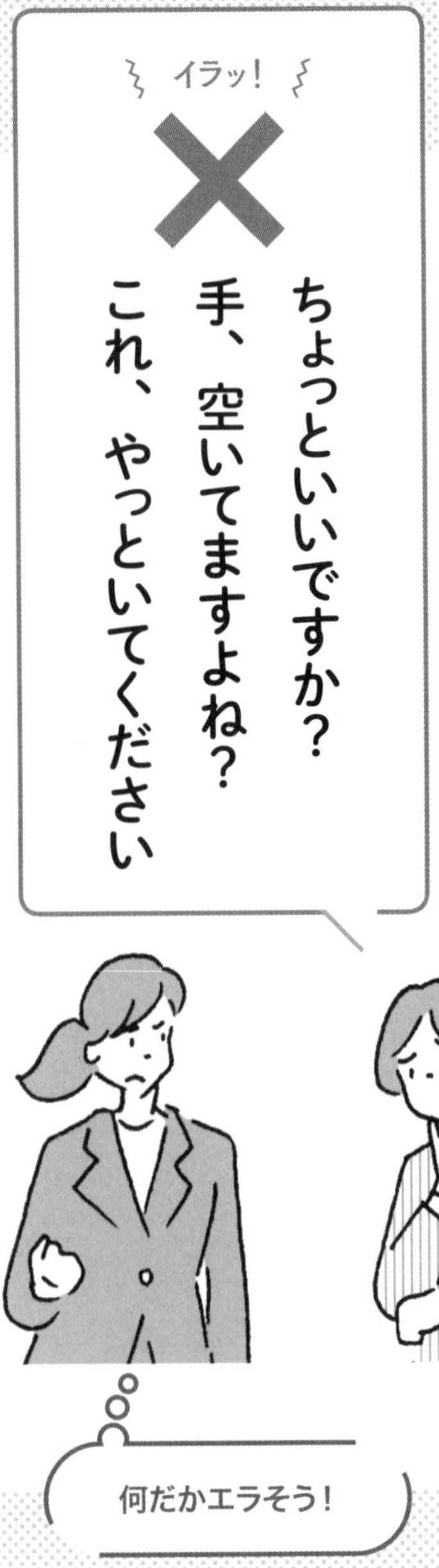
イラッ！
×
ちょっといいですか？
手、空いてますよね？
これ、やっといてください
何だかエラそう！

言い方次第で
こんなに好印象に！

好印象！

○

お忙しいところ
申し訳ないのですが、
ほかならぬ○○さんに
お願いしたいのです

頼られてる。喜んで引き受けます！

お願いをする

イラッ！

✕

これ、やっといて。
頼んだよ〜！

好かれる！

○

忙しいところ申し訳ないですが
お願いできますか？

言いかえPOINT

部下や後輩に仕事を頼む場合でも、当たり前のように「これ、やっといて〜」と投げっぱなしにするのはNG！「今忙しいのに！」「威圧的！」と、不満や反発の原因になります。「忙しいところ申し訳ない／悪いけど」などの気遣いの言葉を添えたうえで「お願いします／お願いできますか？」と伝えるのが礼儀です。

モヤモヤ

✕ お手すきのときにお願いします

デキる人!

○ ○○までにいただけると助かるのですが、いかがでしょうか?

言いかえPOINT

急いでいないことを伝えるときに、「お手すきのときに」という言葉を使いがちですが、頼まれた側は「ずっと忙しいんだけど！」と思うかもしれません。お願いをする場合は「いつまでに」と明確に伝えることが大切。また、「お願いします」と突き放すのではなく、可能かどうかを伺うようにしましょう。

イヤな感じ

✕ それはしないでください

スッキリ!

○ それはこうしてください

言いかえPOINT

「〜しないでください」と否定形で頼まれるより、「〜してください」と肯定形で頼まれたほうが気分がいいものです。否定形の言葉を多く使う人は、ネガティブな印象を持たれがちです。相手の状況や気分によっては反発を招くこともあります。日頃から自分の言葉遣いを振り返り、意識して改善しましょう。

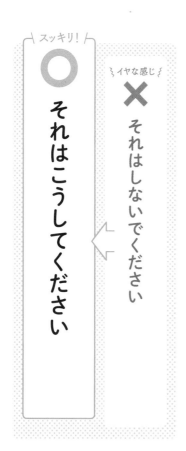

モヤモヤ

× ○○してください

スッキリ！

○ ○○していただけますでしょうか

言いかえPOINT

「ます＋です」で構成される「〜ますでしょうか」は、近年よく使われる表現です。どちらも丁寧語ではありますが、ひとつの言葉に敬語を二重に用いた、いわゆる“二重敬語”ではなく、「ます」に「だろうか」を添えた表現です。気になるようなら「いただけますか」や「いただけませんか」を使いましょう。

う〜ん

× なんとかお願いしたいです

好かれる！

○ ほかならない○○さんにお願いしたいのです

言いかえPOINT

なんとしてでも相手からOKをもらいたいときに、「なんとか」というラフで自分勝手なフレーズを使うべきではありません。「ほかならない○○さんにお願いしたいのです」「○○さんしかいません」とお願いをすることで、相手は「必要とされている！」と感じ、受け入れモードになりやすいでしょう。

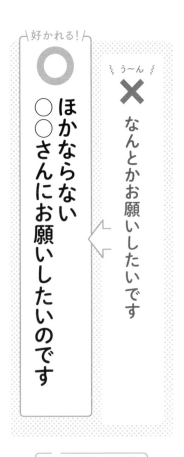

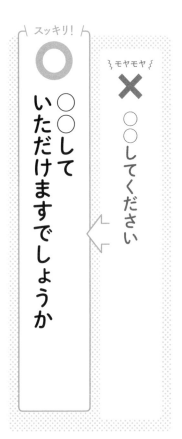

ムムッ…

✕ 伝言をお願いします

好印象！

○ お伝え願えますか？

言いかえPOINT

会話の相手がかなり目上の場合、あるいは、近い間柄ではない場合は「伝言をお願いします」と言うこと自体が失礼にあたることもあるので、注意しましょう。伝言を受けてもらえる間柄の場合でも、「お願いします」とストレートに言うより「〜願えますか？」とお伺いを立てる形で伝えるのがマナーです。

ムムッ…

✕ ご足労ください

スッキリ！

○ ご足労いただけますか？

言いかえPOINT

「ご足労」は目上の人にも使える敬語。わざわざ足を運んでもらうという意味があるので、それを相手に「〜ください」とお願いするのはチグハグなこと。「ご足労いただけますか？」などとお伺いを立てる形で使いましょう。「いらっしゃってください」や「お越しください」も、来てもらうお願いをするときに使えます。

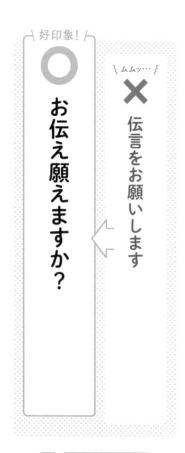

お願い・相談・交渉

参加の案内をする

威圧的

✕

前向きにご検討のうえ、ご参加お待ちしております

好印象！

〇

ご都合がよろしければ、お気軽にお越しください

言いかえPOINT

ビジネス上での参加のお誘いは、スマートさが大切。「ご検討のうえ～」はOKですが、「前向きにご検討のうえ～」や「お待ちしております」と言うと、押しつけがましい印象を与えかねません。参加してほしい気持ちを込めつつも、相手の都合や気持ちも考えて、「ご都合がよろしければ～」とひと言添えるといいでしょう。

ワンポイント!

すぐに使える！
お願いフレーズ集

王道フレーズ

- 切にお願い申し上げます
- お願いできれば幸いです
- お願いしたく存じます
- ○○していただけると助かります
- ○○をご検討いただけますでしょうか
- ○○いただくことは可能でしょうか

恐縮の気持ちを添える

- 誠に厚かましいお願いとは承知しておりますが～
- ご迷惑とは存じておりますが～
- ご無理を承知で申し上げますが～
- 差し支えなければ～

懇願フレーズ

- お頼みできるのは○○様だけです
- ○○様をおいて他にお願いできる方はおりません

＼好印象！／
ご無理を承知で申し上げますが、
お頼みできるのは○○様だけです

お願い・相談・交渉

相談したい・教えてもらいたい

イラッ

×

ご相談させてください

丁寧！

○

折り入ってご相談したいことがあるのですが

言いかえPOINT

どんなにせっぱ詰まっていても、いきなり「ご相談させてください」「教えてください」と、一方的な言葉を投げかけてはいけません。「折り入って」とひと言添えてから、「教えていただけますか？」「ご相談したいことがあるのですが」とお伺いを立てましょう。真剣さや切実さが伝わって、相手からイエスの返事をもらいやすくなります。

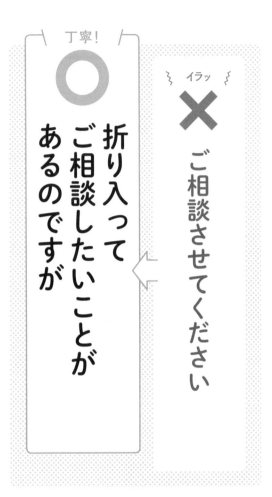

モヤモヤ…

✕ 少しよろしいですか？

スッキリ！

○ ○分ほどお時間いただけますか？

言いかえPOINT

声をかける際の「少しよろしいですか？」は定番フレーズですが、相手が忙しい場合は「本当に少しで済むの？」と思われる可能性もあります。まずは、具体的に「○分ほどお時間いただけますか？」と声をかけてから（相手の了承を得てから）話を始めましょう。相手は安心して話の内容に集中できるはずです。

ムムッ…

✕ ちょっとお聞きしたいのですが

スマート！

○ ご教示いただけると助かるのですが

言いかえPOINT

「聞く」の謙譲語には「伺う」「お聞きする」「聞かせていただく」などがあります。単に話を聞く場合であれば、これらの言葉を用いればいいでしょう。一方、教えを請うというニュアンスを含んでいる場合は「ご教示いただく」という言葉が重宝します。ビジネスシーンのメール文面にも適しています。

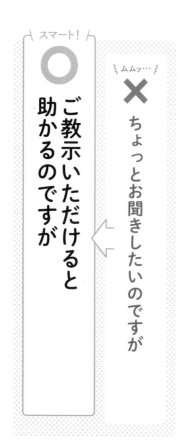

お願い・相談・交渉

要望を伝えて交渉したい

威圧的

×

○○でお願いします

好印象!

○

急なお願いで申し訳ございませんが○日中にご返信いただけますか

言いかえPOINT

自分の要望だけを押しつけるのは失礼！　敬意を欠いていると思われかねません。まずは「急な／勝手なお願いで申し訳ございませんが」とひと言添えることが大切。また、「お願いします」「〜してください」と言い切らずに、「〜ますか／いかがでしょうか？」とお伺いを立てる形で交渉すると、相手に与える印象がよくなります。

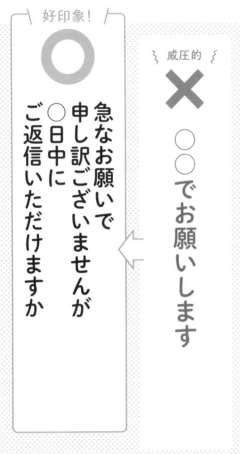

威圧的

✕ なんとかならないですか？

好印象！

○ ◯◯のご相談に乗っていただけると助かります

言いかえPOINT

相手や状況にもよりますが、「なんとかお願いします」「なんとかならないですか？」といったラフで自分勝手な表現は、交渉には不向き。失礼な印象を与えかねません。金額交渉なら、「費用の件、ご相談に乗っていただけると助かります／ありがたいです」と言えば、丁寧で気持ちも伝わりやすくなるでしょう。

イラッ

✕ ご検討ください

丁寧！

○ 恐れ入りますがご検討いただけないでしょうか

言いかえPOINT

交渉相手に検討をお願いする場合は、丁寧な言葉を使いましょう。相手に対して「申し訳ない」という気持ちを表す「恐れ入りますが」「大変お手数ですが」「申し訳ございませんが」などのクッション言葉を添えたうえで、「〜いただけないでしょうか」と、やわらかい表現で交渉内容を伝えましょう。

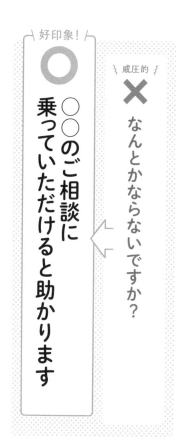

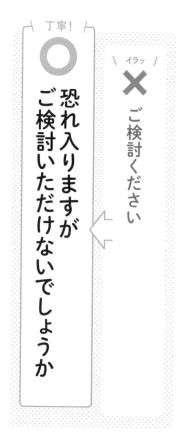

お願い・相談・交渉

懸念事項を伝えたい

モヤモヤ

✕

○○は大丈夫ですか？

スマート！

○

○○についてご留意のほどよろしくお願いいたします

言いかえPOINT

「大丈夫ですか？」は、カジュアルかつ要点がはっきりしない表現です。「心配している」というニュアンスもあるので、相手は「信頼されていない」と不快に思うかもしれません。失礼のないよう、具体的に懸念事項を伝えるには「～についてご留意のほど～」が万能。「留意」は「心に留めておいてください」という意味の敬語です。

うーん

✕ ご承知おきください

スマート!

○ **お含みおきください**

言いかえPOINT

「ご承知おきください」は「知っておいてください」という意味の尊敬語。しかし、上から目線で一方的な印象を持たれやすい言葉のため、ビジネスシーンでの使用はあまりオススメしません。目上の方に対しては、「覚えておいてください」の丁寧な表現「お含みおきください」を使いましょう。

うーん

✕ ご注意ください

スマート!

○ **ご理解ください**

言いかえPOINT

状況にもよりますが、「ご注意ください」という表現は少し上から目線だと思われることがあります。「ご理解ください」は「察してください」という意味で、前もって許しを求めるときに使います。ちなみに「ご了承ください」は、強制的に許してもらうイメージの言葉です。目上の人に対しては控えるのが無難です。

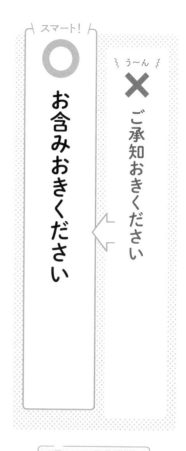

これで教養力アップ ①

語彙力をアップして同じ言葉の繰り返しを防ぐ

気の利いた表現ができなくて、同じ言葉のオンパレード…
そんな人は、よく使う言葉のバリエーションを
増やすことから始めましょう。

考える　＝頭の中で思考を巡らせること

こんな言葉に言いかえ！

検討する	＝よく調べ、考えること
考慮する	＝さまざまな要素を合わせて考えること。特定の要素を検討に含めること
吟味する	＝よく調べ、精査して必要なものを選ぶこと
判断する	＝物事を見極め、自分の考えを決めること
考察する	＝よく調べ、よく考えて物事を明らかにすること
分析する	＝データ、資料を集めて考え、その性質や構成を明らかにすること
企画する	＝アイデアを出し、実現のための計画を考えること
構想する	＝考えを組み立ててまとめること
知恵を絞る	＝よい方法やアイデアを見出そうと努力すること

思う　＝個人的、主観的な感想、理解、判断のこと

こんな言葉に言いかえ！

理解する	＝正しくわかること。意味や内容をのみ込むこと
存じます／存じ上げます	＝知っている、承知している、思っているの謙譲語。「存知上げます」は、知っている対象が“人”に限定される
信じる／信じ込む	＝本当だと思うこと。信頼、信用していること
決心する／決意する	＝心を決めること／意思をはっきり決めること
志す	＝心の中に立てた目標に向かって進むと決心すること
願う	＝そうであってほしいと思うこと、求めること
案ずる	＝心にかけて心配すること
推量する	＝物事の程度や状態、他人の心中を推し量ること
想像する	＝知らないことや仮定の話に思いを及ばすこと
気にかける	＝気にする、心配する、注意して見ていること

もったり～
野暮ったい～
このままでは
間に合わないと思われるので
〇〇で進めたいと思います。
部長、どう思います？

頑張る ＝目標に向かって努力すること

こんな言葉に言いかえ！

鋭意努力する	＝気持ちを集中して努力すること
手を尽くす	＝あらゆる手段、方法をやり尽くすこと
尽力する	＝力を尽くすこと
精進する	＝ストイックに一所懸命努力すること
粘る	＝諦めずに続けること
打ち克つ	＝困難を乗り越えること
全身全霊をささげる	＝心身のすべてをささげて励むこと
不退転《ふたいてん》の決意で臨む	＝固い意志で目標に向かうこと

本当に ＝事実であること。程度がはなはだしいこと

こんな言葉に言いかえ！

心から／心底	＝表面的ではなく本心から／嘘偽りのない本心で
誠に／真に	＝間違いなく。実に
深く／厚く	＝心の深い部分からの気持ち／心入れが大きい。いたわりの心が強い
ひとかたならぬ	＝並みではない様子
極めて	＝この上ないくらいに程度がはなはだしいこと

スゴイ　＝際立っている、優れていること

こんな言葉に言いかえ！

優れた／優秀な	＝他よりまさっていること
抜群	＝能力や出来映えが特に優れていること
目覚ましい	＝驚くほど、目を見張るほどのすばらしさ、立派さ、進化の速さ
無類	＝比べるものがないほど優れていること
選《え》りすぐり／選り抜き	＝よいものの中から、さらに選び抜かれたもの
出色《しゅっしょく》	＝能力、出来映えが他より目立って優れていること
通《つう》	＝特定の分野に精通していること
折り紙付き	＝保証ができるほど価値に定評のあること

たしかに　＝判断が間違いないこと。同意すること

こんな言葉に言いかえ！

まさに	＝誇張することなく、正確であること
間違いなく	＝必ずといっていいほど、そうだと判断できること
まさしく	＝疑う余地がないこと
紛れもなく	＝極めて明白であること。間違えようのないこと

3章 謝罪する・断る

謝罪や断りには、気持ちを添えることが大切。どんなに心で思っていても、言葉で伝えなくては意味がありません。相手の気持ちに配慮しながら、きちんと伝わる言葉を選びましょう。

モヤモヤ
×
すみません。部下のミスです。できれば私がやりたいのですが…
部下のせいにして！謝ってるつもり？

言い方次第で
こんなに好印象に！

スッキリ！

○

このたびの無礼を
お許しください。
私の監督不行き届き
でした

謝罪・反省を伝える

ムムッ…

×

厚くお詫び申し上げます

スマート！

○

誠に申し訳ございません。
深くお詫び申し上げます

言いかえPOINT

お礼を伝えるときに使う「厚く」を謝罪で使うのは間違い。「厚く＋お礼」「深く＋お詫び」と覚えておきましょう。お詫びのシーンでは「申し訳ございません」のほかに「お詫びの申し上げようもありません」「弁解の余地もございません」、少し軽やかな「大変失礼いたしました」「ご面倒をおかけいたしました」なども使えます。

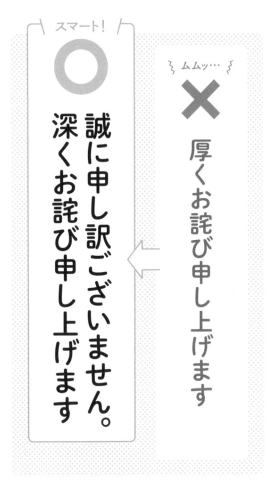

う〜ん

✕ すみません！　許してください

スッキリ！

○ 深く反省しております

言いかえPOINT

「許してください」は「（自分のことを）許してほしい」という、やや自分勝手な言葉です。使用する相手はある程度親しい間柄の人にとどめておきましょう。自分に矢印を向けて「深く反省しております」と反省している姿勢を伝えるほうが、誠実さが伝わり、結果的に許しをもらいやすくなります。

ムムッ…

✕ 部下のミスです

スッキリ！

○ 私の監督不行き届きでした

言いかえPOINT

ミスが起こった原因を正しく伝えることは大事ですが、自分以外の人に責任を転嫁するような言葉では、謝罪の気持ちが伝わりません。言い逃れや言い訳も禁物！　部下がミスした場合は、管理者である上司が「責任は自分にある」という姿勢を示すことが肝心。その際に「監督不行き届き」という言葉が有効です。

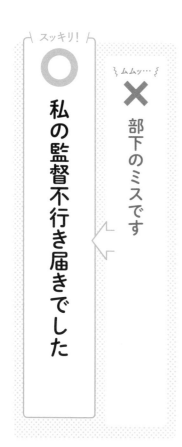

スマートに断る

ムムッ…

× ごめんなさい

スマート!

○ せっかくのお誘いですが ご協力することが できません

言いかえPOINT

「ごめんなさい」や「すみません」では、断りの意思が明確に伝わりません。「せっかくのお誘いですが」「大変心苦しいのですが」「願ってもないお話ですが」「不本意ながら」などのクッション言葉を添えつつ「できません」と明確に伝えましょう。ちなみに「誠に遺憾ですが」という少し硬めのフレーズもあります。

威圧的

×

それはできません

スマート！

○

ご希望に添えず
申し訳ございません

言いかえPOINT

「できません」と一方的に断るのは、スマートではありません。声をかけてくれたことへの敬意と感謝の気持ちを込めて「ご希望に添えず申し訳ございません」と丁寧に返しましょう。内容に応じて「ご辞退（ご遠慮）させていただきます」「私の力不足でございます」などの表現も使い分けましょう。

モヤモヤ

×

できればやりたいのですが

スマート！

○

都合がつかず
申し訳ございません

言いかえPOINT

断りづらいときに、うっかり「できればやりたい」「本当はやりたいんだけど…」などと言ってしまうと、「やりたいならやってよ！」と詰め寄られる恐れがあります。もちろん、「できません」ではストレートすぎます。相手の気持ちを踏みにじらないよう、誠意をもって丁寧かつシンプルに断りましょう。

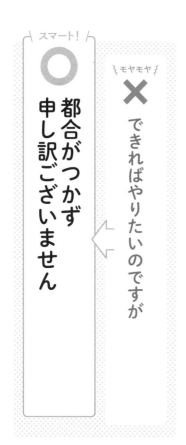

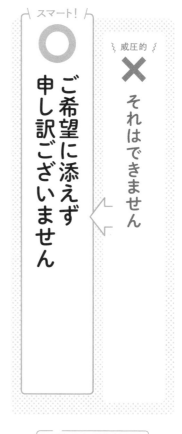

う～ん

×

お受けできかねます

デキる人!

○

誠に残念ですがお受けいたしかねます

言いかえPOINT

「かねる」は「～することが難しい」「できない」という意味です。つまり、「でき＋かねます」は意味が重なった不自然な言い回し。「～しかねます」というのが正しい表現です。この「～しかねます」は比較的やわらかい表現なので、きっぱりと断るのがためらわれる場面でも使用しやすいはずです。

イラッ

×

それは厳しいです

スマート!

○

あいにく○○できません

言いかえPOINT

「厳しいです」は、「できません」という断りの言葉を使うのが心苦しいときに使われがちです。しかし、意図が伝わりにくく、誤解の原因にもなりかねません。「できません」という言葉に「あいにく」「残念ながら」などのクッション言葉を添えれば、残念な気持ちをにじませることができるため角が立ちません。

ワンポイント!

すぐに使える!
断りフレーズ集

"キッパリ"断る

- お受けいたしかねます
- お引き受けいたしかねます
- 必要ございません
- 辞退いたします
- ご期待に添いかねます
- ご要望にお応えすることができません
- 今回は見送らせていただきます

"やんわり"断る

- お気持ちだけ頂戴します
- ご遠慮申し上げます
- ご容赦のほどお願い申し上げます
- ご勘弁いただきたく存じます
- 私ども（私）には力が及びません
- 私ども（私）には荷が重すぎます
- 力不足で申し訳ございません

断りに使える!クッション言葉

誠に残念ではございますが〜

お力になれず〜

大変ありがたいお話ですが〜

お気持ちは重々承知しておりますが〜

お引き受けしたいのは山々ですが〜

せっかくのお申し出ですが〜

COLUMN 2

モヤッとさせる曖昧言葉にご用心！

日本語には、複数の意味を持つ言葉がたくさんあります。また、「かなり」「ときどき」「小さめ」など物事の程度を表す表現は、人によって浮かべるイメージが異なります。誤解や勘違いが起きないよう、具体的に伝える習慣を身に付けましょう。

どっち？

× 結構です

遠慮してるだけ？それとも不要？

⇐

スッキリ！

○ お願いします／必要ありません（遠慮しておきます）

「結構」という言葉は、「肯定（受け入れる）」と「否定（断り）」という相反する意味を持つ曖昧な言葉です。意思をハッキリ伝えたいなら、肯定の場合は「お願いします」、否定の場合は「必要ありません」、目上の人には「遠慮しておきます」と言うべき。そうすれば誤解されずに伝わります。

あやふや～

× 追って連絡いたします

追ってっていつ？

⇐

スッキリ！

○ 明日の午前中にご連絡いたします

「追って連絡します」と言っていたのに、いっこうに連絡が来ない。イライラしながら連絡をすると「明日中にお送りする予定です」と言われて愕然……。こうした食い違いの原因は、「追って」という曖昧言葉にあります。相手の都合を考えて「いつまでに」を明確に伝えましょう。

モヤッ

少しってどれくらい?

✕ **少し早めに**開始します

スッキリ！

○ 10分早めに開始します

「早め」「遅め」「多め」「少なめ」などの曖昧言葉は、行き違いやミスの原因。こちらが「10分早く」のつもりでも相手は「30分早く」と思っていた、ということも。確認のやり取りが増えるのも迷惑な話！　曖昧言葉を具体的な数字や固有名詞に置きかえると、相手に誤解されるリスクが下がります。

どっち?

何が大丈夫?
イエスなの? ノーなの?

✕ **大丈夫**です

スッキリ！

○ はい、お願いします／必要ありません

たとえば「サンプルは1つでよろしいですか?」との問いに「大丈夫です」と返事をすれば、「1つでいいってこと?　それとも不要?」と迷うはずです。状況、相手によってとらえ方が異なるので、ＯＫであれば「はい、お願いします」、断るのであれば「必要ありません」とハッキリ伝えましょう。

あやふや～

普通って何?

✕ **普通**です

スッキリ！

○ 私にとっては○○が当たり前です など

「普通」という言葉は、さまざまな意味で使われています。「目玉焼きには醤油が普通（＝常識・当たり前）だよ」、「このマンガ、普通に（＝ほどほどに）面白い」など。自分の基準で「普通」と表現するのは食い違いのもと。「私にとっては／私の場合」などを使い、個人的見解である旨を伝えましょう。

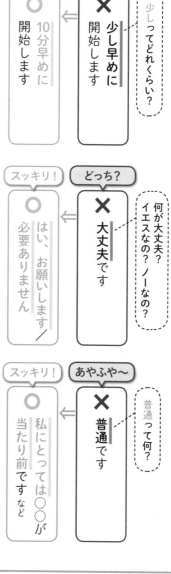

4章 叱る・指摘する

部下を叱ったり、取引相手に苦情や催促の指摘をしたりする際の言葉はとても大切。威圧的だと思われてしまう、気を使いすぎてきちんと伝えられない…などということがないように、場面に適した言葉を備えておきましょう。

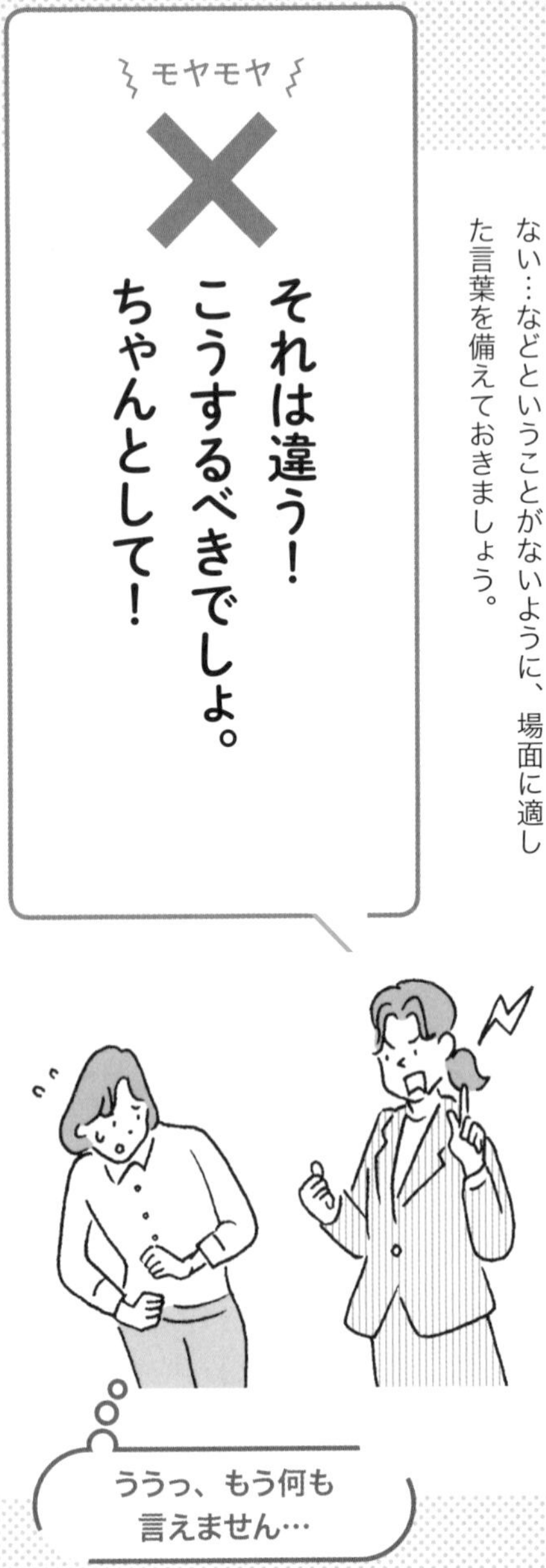

モヤモヤ
それは違う！
こうするべきでしょ。
ちゃんとして！
ううっ、もう何も
言えません…

言い方次第でこんなに好印象に！

スッキリ！

○

なぜそうしたの？
○○さんなら
もっとできる
はずだと思いますよ

信頼してくれてる！　もっと頑張ろう！

苦情を伝える

イラッ

✕ 間違っています

好印象！

○ 私の記憶違いかもしれませんが、○○が違うような気がします

言いかえPOINT

苦情を伝えるときは冷静さが求められます。頭に血が昇っても、感情に任せてキツい表現を用いるのは控えましょう。ズバリ「間違っています」と伝えるのではなく、「私の記憶違いかもしれませんが」と添えるだけで、やわらかい印象になり、相手にも受け止めてもらいやすくなるでしょう。

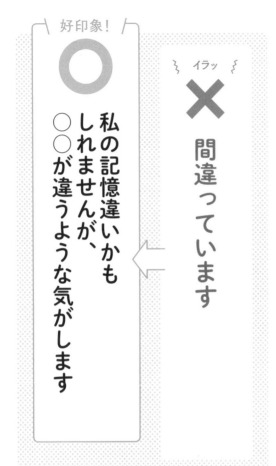

モヤモヤ

× 話が違います

スマート！

○ 食い違いがあるようなのですが

言いかえPOINT

「話が違う」と言い切ってしまうと、こちらの勘違いであった際に、引っ込みがつかなくなってしまいます。何より相手は非難されている気分になるでしょう。「食い違いが生じております」は目上の方にも使える敬語表現。「食い違いがあるようなのですが」と問いかけると、その後の対処がしやすくなります。

ムムッ…

× おかしくないですか？

デキる人！

○ お言葉を返すようですが○○するのが筋ではないでしょうか？

言いかえPOINT

「おかしい」は批判的なニュアンスを含んでいるため、ときに嫌味な印象を与えることがあります。「約束と違う」「常識外れな対応をされた」などの苦情を伝える際は、言葉を濁さず、考えを率直に話すことも大事。「お言葉を返すようですが」とクッション言葉を添えながら、伝えるべきことをしっかり伝えましょう。

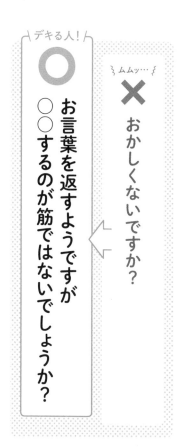

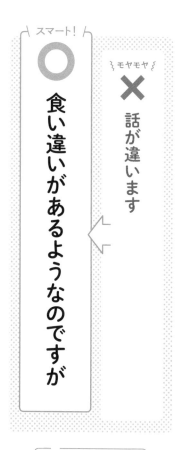

催促・確認をする

う～ん

✕

約束の日を過ぎています

スマート！

○

行き違いでしたら申し訳ございませんがお約束の期日を過ぎております

言いかえPOINT

期日を過ぎても相手の約束が果たされていないときに、威圧的な表現や、突き放すような表現で催促することは控えましょう。相手が態度を硬化させる恐れがあります。気遣う形で「行き違いでしたら申し訳ございません」とひと言添えるだけで、相手に与える印象がよくなります。メールで催促をする場合も、この表現が使えます。

威圧的

×早くしてください

好印象！

○急かすようで申し訳ございません

言いかえPOINT

「早くしてください」という催促の言葉は、お願いというよりは命令口調に近いため、相手にキツい印象を与えかねません。「急かすようで申し訳ございません」と添えることで、「急いでいる」というこちらの事情とともに、相手への気遣いもきちんと伝わります。ビジネスにおける催促の場面で使ってみましょう。

イラッ

×○○はまだですか？

好かれる！

○その後○○はいかがですか？

言いかえPOINT

親しい間柄であれば、「まだですか？」とラフに問いかけるのもありですが、信頼関係が築けていない相手の場合、気分を害してしまうこともあります。配慮の気持ちを込めて「その後○○はいかがですか？」と問いかけてみてください。そうすれば、相手も遅れている理由や事情を話しやすくなるでしょう。

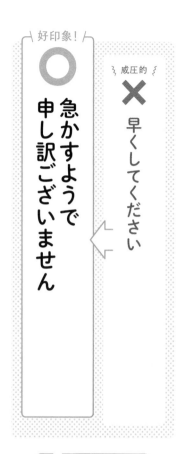

好かれる！

ムムッ…

× ご存じないかもしれませんが

○ すでにご存じかもしれませんが

言いかえPOINT

「知らないでしょ？」というニュアンスで伝わると、相手に「エラそうに！」「上から目線だな」と思われてしまう恐れがあります。確認の意味合いで使う場合も、上から目線だと感じられないように「すでにご存じかもしれませんが」と前置きすることによって嫌味なく伝えることができます。

スマート！

イラッ

× どうなっているんですか？

○ 進捗《しんちょく》はいかがでしょうか？

言いかえPOINT

角を立てずにやんわりと催促するときに重宝するのが、進み具合を示す「進捗」という言葉です。「進捗はいかがでしょうか？」「進捗状況を教えていただけると助かります」と言えば、催促しながら状況把握もできて一石二鳥。ビジネスシーンでは高い効果を発揮する言葉です。いつでも使えるようにしておきましょう。

イヤな感じ

× 確認してください

好印象！

○ ご確認いただけますと幸いです

言いかえPOINT

内容のモレや遅れについて確認をしたいときに、ズバリ「確認してください」と言うと、冷淡な印象を与えてしまいます。やんわりと確認や催促をしたいときには「ご確認いただけますと幸いです」というフレーズがオススメ。「〜いただけますと幸いです」は、メールでも使える万能表現のひとつです。

ムムッ…

× 忘れていますよ！

好印象！

○ ご連絡をいただけておらず案じております

言いかえPOINT

相手のミスやうっかりを「忘れていますよ」と、ストレートに突くような言い方はオススメできません。「ご多忙につき、お忘れかと思い〜」と気遣いの言葉を添えるか、あるいは「案じております」と自分に矢印を向けた表現を使うことで、角が立ちにくくなります。こうした大人のマナーも身に付けておきましょう。

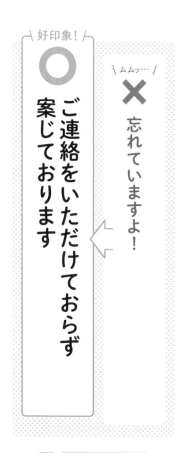

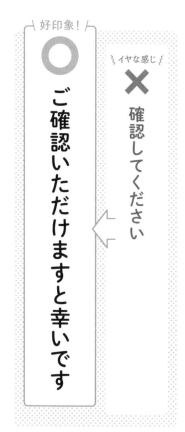

叱る・指摘する

やる気を出させる叱り方

威圧的

×

やる気あるの？

好かれる！

○

仕事が遅れているみたいだけど、何か困ってる？

言いかえPOINT

「やる気あるの？」「マジメにやってる？」などと言うのは、ただ相手を責めているだけ。仕事が進んでいないのであれば、「仕事が遅れているみたいだけど、何か困ってる？」のように、具体的な内容を示すと同時に、相手の気持ちに寄り添う形の“声がけ”が効果的。くれぐれも感情的にならないように気をつけましょう。

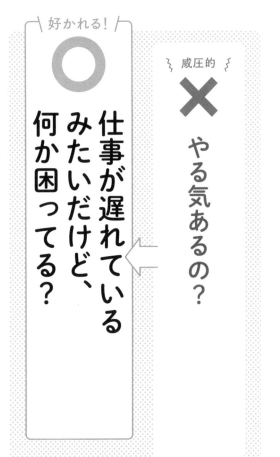

イヤな感じ

× なぜ言ってくれなかったの？

好かれる！

○ **迷ったときに言ってほしかった**

言いかえPOINT

指摘をする際は、高圧的な物言いで相手を責め立てるのはNG！　うっとうしいと感じた相手は逆ギレしてしまうかもしれません。指摘だけで終わらせずに、自分に相談してもらいたかった旨も伝えましょう。相手は、その細やかな心遣いに胸を打たれて、素直に指摘を受け止めようとするはずです。

イヤな感じ

× こんなこと言いたくないんだけど…

スマート！

○ **気になっているから伝えておくね**

言いかえPOINT

ネガティブな雰囲気で「こんなこと言いたくないんだけど…」と言われると、人によっては「よく聞けよ！」と脅されているような気分になったり、「言いにくいなら言わなくていいのに…」と拒絶反応が出たりするかもしれません。「気になっているから〜」とポジティブに話せば、相手の警戒心も薄れるはずです。

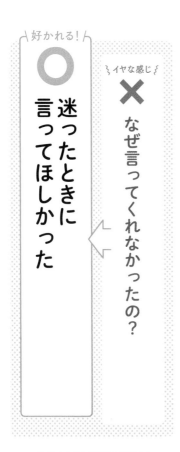

威圧的

×

こうするべきだよ

好かれる!

○

こうしたほうがいいと思うよ

言いかえPOINT

自分の正義をかざしてばかりの人は、好かれません！「〜するべき」という言い方は、正義感の押し付けであり、相手に煙たがられてしまいます。人によってはモラハラだと感じるかもしれません。押しつけがましくならないよう「こうしたほうがいいと思うよ」と、アドバイスの形で伝えることをオススメします。

イヤな感じ

×

ちゃんとして！

スマート!

○

◯◯さんならもっとできるはずだと思いますよ

言いかえPOINT

「ちゃんとして！」と言ったところで、相手は、ちゃんとしているつもりかもしれません。客観的なアドバイスとして「◯◯さんならもっとできるはず〜」と伝えてみましょう。「◯◯ができたのだから」のように、具体的な理由を示せればなおよし。その言葉によって相手の行動がポジティブに変化したなら及第点です。

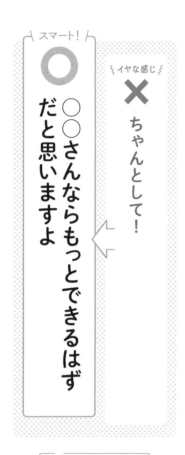

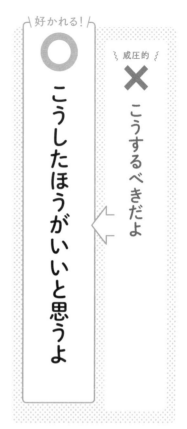

イヤな感じ

× ちんたらするな！

スマート！

○ どこか調子でも悪いの？

言いかえPOINT

集中力を欠いていたり、怠けたりしているように見えたとしても、頭ごなしに叱りつけるのは早計です。もしかしたら、その人は体調不良かもしれません。密かに心配事を抱えているのかもしれません。「心配している」ということを伝えたうえで、問題解決に向けたコミュニケーションを図りましょう。

イラッ

× それは違うでしょ

好印象！

○ なぜそうしたの？

言いかえPOINT

一方的に「違う」と言われると、不愉快だと感じる人が多いでしょう。「自分は正しい」という勝手な基準でジャッジされているように感じるからです。違うと思ってもストレートに言葉にせず「なぜそうしたの？」と問いかけてみましょう。裁判官のようにならなければ、相手も素直に答えてくれるはずです。

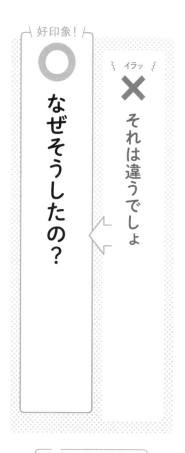

これで教養力アップ 2

知っておきたい“ビジネス横文字”辞典

アサイン	アサインメントの略語で、割り当てる、任命する、選任する、配属する、与える、命じるなど幅広い意味を持つ
アジェンダ	プラン、計画という意味で使われることが多い。議事日程、議題のことも指す
アテンド	付き添って世話をする、案内をする、接待をする、手伝う、サポートするなど、幅広い意味で使われる
アナウンス	知らせる。告知する。公表する。発表する
イシュー	本質的な論点、課題、問題のこと。「論じて改善すべき」というニュアンスを含む
イニシアチブ	自ら進んで発言、行動して他を導くこと。物事をリードすること。主導権
イノベーション	「技術革新」「刷新」「新たな概念の導入」「新機軸」など、総じて“大きな変化”を指す
インセンティブ	目標達成のために、人や組織に与える刺激（報酬や報奨金）。類語：コミッション（手数料、仲介料）
インフルエンサー	世の中に大きな影響を及ぼす人
エビデンス	証拠、根拠、言質、裏付けなど

オーソライズ	正式に認めること。公認すること。正当な権限を与えること
ガラパゴス化	孤立した市場や環境の中で、商品やサービスが独自の進化を遂げること
コミット	約束、誓約、公約、確約、決意、言質、関与、参加、委任、義務など。「責任をもって行う」というニュアンスを含む
コモディティ	品質や機能、ブランド力などが拮抗し、差別化が難しくなった商品やサービスのこと
コンセンサス	複数の人による合意、意見の一致。根回しをしておくという意味を含むことも
コンテンツ	創作された情報の内容のこと。写真、映画、音楽、文芸、マンガ、アニメ、ゲームなど、さまざまなものがある
サマリー／レジュメ	論文や資料、会議などの内容や要点を簡潔にまとめたもので、概要、概略、要旨、要約
スキーム	人、物、情報、お金などを総合的に組織立て、継続的かつ体系的に進める計画。「事業スキーム」など「○○スキーム」の形で使われることが多い
ステークホルダー	利害関係者。企業の場合は従業員のほか、消費者、顧客、株主、取引先、社会など
ソリューション	ビジネスにおいてやサービスで問題を解消すること。また、そのために提供される情報システムのこと。「問題解決」の意味で使われることも
ダイバーシティ	多様性。多様な人材を積極的に活用し、多様な働き方を認めようという考え方
タスク	与えられた仕事、任務、課題。主に個人が取り組む個別の仕事や作業を指す。複数の作業を同時進行することを「マルチタスク」という
トップダウン／ボトムアップ	トップダウンは上層部の指示に従って社員が行動すること。ボトムアップは社員のアイデアや意見を上層部が取り入れて進めること

ドラスティック	手法が大胆かつ抜本的、革命的であること。激しく徹底していること
トレードオフ	何かを追求すると何かが犠牲になるという「両立しえない複数関係」
ニッチ	隙間。ビジネスでは規模の小さい市場。「ニッチな分野」「ニッチマーケット」のように使われる
バジェット	主に予算、予算案、あるいは特定の費用や経費の意味で使われる。低予算の意味もある
パラダイムシフト	常識、当然とされていた認識、思想、枠組み、概念、価値観、考え方などが劇的に変化すること
パラレル	平行。同時進行。「パラ」と略すことも
ファクトベース	事実に基づくこと。データなどを正確に読み取り、考え、意見すること
フィードバック	結果を反映して改善するという意味。部下の仕事に対する助言を意味することもある
フィックス	固定する、決定する、確定するなど最終決定事項の意味で使われる
フェーズ	段階、工程、局面などを指す言葉
プライオリティー	優先順位、優先権
ブレインストーミング	複数の人が自由にアイデアや意見を出し合う手法。「ブレスト」と略すことも
フレキシブル	柔軟性があること。融通が利くこと。順応性があること。臨機応変
ベネフィット	その商品、サービスによって消費者が得られる恩恵や利益

ペンディング	未決定のまま保留すること。日本語で「保留」「先送り」と言うより、ソフトなイメージなので使いやすい
ホスピタリティ	心からのおもてなし、思いやり。また、それを行う精神のこと
ボトルネック	スムーズな作業や進行、効率、発展などを妨げる要因
マイルストーン	仕事や作業を進めるうえで重要な節目のこと（工程の区切り、期日、中間目標など）
マター	ある案件を処理する範囲、管轄、担当などを意味する 「営業部マターで」と言えば、「営業部が担当」という意味
マネタイズ	収益化を図ること
リスケ	reschedule（リスケジュール）の略で、スケジュールを組み直すこと
リソース	資源や資産、財産。ビジネスシーンでは、会社の経営資源（人、物、お金、情報、能力、商標、仕様）などを指す
リテラシー	情報や知識の活用能力。「メディアリテラシーが高い」といえば、情報収集能力、情報活用能力、情報判断能力などが高いという意味
リマインド	思い出させること。気づかせること。念押し。再確認
ロングテール	小規模市場の商品が数量、種類を豊富にすることで、売れ筋商品の売上に迫ったり、それを上回ること。主にネット販売で見られる現象で、Amazonはその成功例
BtoB／BtoC （ビー・トゥ・ビー／ビー・トゥ・シー）	BはBusiness（企業）、CはConsumer（消費者）。「BtoB」は企業間取引。「BtoC」は企業と消費者の取引
IoT （アイ・オー・ティ）	「Internet of Things」の略で、あらゆる分野の物がインターネットにつながる仕組み

5章 自己主張・反論

職場でもプライベートでも、自分の考えや意見を主張したり、必要な場面で反論したりするスキルは重要。スマートな言葉を使いこなせば、あなたの信頼度は確実にアップします。

ムムッ…
いいえ、
そんなつもりはなく…
私は他社の社長なんだが…
失礼だな

言い方次第で
こんなに好印象に！

＼スッキリ！／

〇

私が言うのも
おこがましいですが、
誤解がないよう
説明させて
いただきます

自己主張・反論

自分の意見を伝えたい

ムムッ…

×

私はそんなこと言っていません

スマート!

○

認識の相違があったかもしれません

言いかえPOINT

自分の意図とは違うとらえ方をされていたときに、「そんなこと言っていません」や「そんなつもりではなかった」と言うと、言い訳をしていると思われることがあります。また、責められていると感じて機嫌を損ねてしまう人もいます。「私は○○と認識していました」と、事実を伝えるだけで十分です。

言い訳と主張は別物です

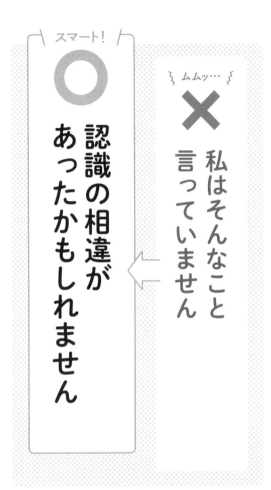

ムムッ…

×

自慢じゃないけど

イイね！

○

いいことがあったから、
聞いてくれる？

言いかえPOINT

得意げに「自慢じゃないけど」と話し始める人の多くは、相手にいい印象を持たれていません。「スゴイですね！」と持ち上げてくれるその人も、内心はシラケている可能性大。「いいことがあったから」と前置きをしてから「聞いてくれる？」と話せば、相手の興味も自然とアップ！嫌味な感じも与えません。

モヤモヤ

×

みんなこう言っているので…

スッキリ！

○

私はこう思います

言いかえPOINT

自分の意見を伝えるのに「みんなが言っている」と話すのは不自然。人のせいにしているような感じがしたり、説得力を持たせるために「みんな」を利用しているように感じられたりします。自分の意見を伝えるときは、言葉を濁さず「私はこう思います」とハッキリ言うのがベスト！情熱を込めれば伝わるはずです。

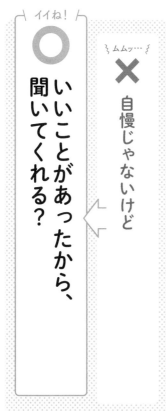

反論・違う意見を伝えたい

ムムッ…

✕

でも、やっぱり
私はこう思います

デキる人！

○

僭越《せんえつ》ながら
私はこう思います

言いかえPOINT

異なる意見や反論を伝えるときに、「いや」「でも」「だけど」などの否定の言葉から始めると印象が悪くなります。「僭越ではございますが」「僭越ながら」は謙遜の気持ちを伝える定番フレーズで、「出過ぎたことをしますが」という意味です。改まった場面や目上の人に使っても失礼には当たりません。

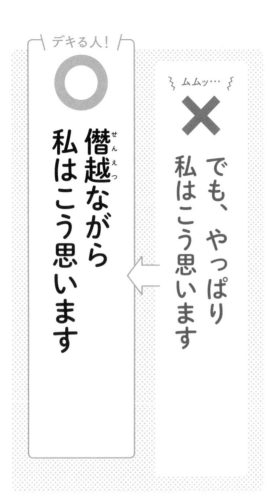

イヤな感じ

✕ 違うと思います

スマート!

○ **言いたいことはわかります**

言いかえPOINT

ハッキリと意見を言うことは大切ですが、いきなり否定から入ると、言われた側はいい気がしません。相手の意見を認め、受け止めたうえで、自分の意見を伝えるというスタンスが大切です。最初に「言いたいことはわかります」と、ワンクッション置くことで、相手は受け入れ態勢を整えやすくなります。

ムムッ…

✕ お言葉を返すようですが

好印象!

○ **私が言うのもおこがましいですが**

言いかえPOINT

「お言葉を返すようですが」は強く反論するときの言葉。少し意見する程度の場面にはふさわしくありません。「私が言うのもおこがましいですが」は謙遜のニュアンスを含む言葉。少し意見を言いたいときにぴったりです。「差し出がましいようですが〜」「誠に申し上げにくいのですが〜」などのフレーズも使えます。

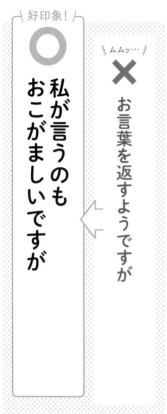

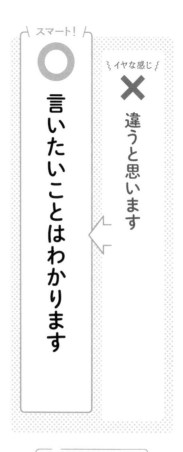

自己主張・反論

弁明したい

ムムッ…

✕

○○のせいでした

デキる人!

○

○○でやむを得ずこのような事態に至った次第です

言いかえPOINT

弁明の目的は、理由や事情を説明して正当性を示し、相手に納得してもらうことなので、「○○のせい」と伝えるだけでは不十分。「○○でやむを得ず」と、具体的な説明を加えて伝えましょう。たとえば、天候のせいで計画を遂行できなかった場合は「悪天候で地盤がゆるんだため、やむを得ず～」と納得材料を提示しましょう。

モヤモヤ

✕ そんなつもりはなく

スッキリ！

○ 誤解がないよう説明させていただきます

言いかえPOINT

相手の誤解を解きたいときに「そんなつもりはなく」と話し始めた場合、「言い訳だな」と思われてしまうかもしれません。「誤解がないよう説明させていただきます」「誤解を招く表現がありましたので説明させていただきます」のように始めれば、相手も真摯に耳を傾けてくれるでしょう。

ムムッ…

✕ そういうことではなく

スマート！

○ 行き違いがあったようですので

言いかえPOINT

いきなり「そういうことではなく」という否定からスタートすると、相手は攻撃された気分になるかもしれません。その結果、聞く耳を持ってもらえなくなるとしたら本末転倒です。話をきちんと聞いてもらうためには、「行き違い」という言葉を用いて、誤解があったことを穏やかに伝えましょう。

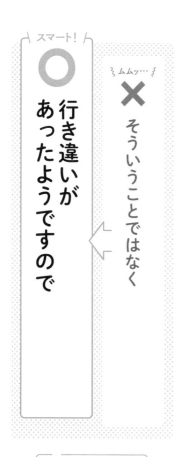

COLUMN 3

これって失礼!?
丁寧そうな言葉に潜む落とし穴

丁寧にと思うあまり、失礼で、へんてこな言葉遣いになっていませんか？　きちんとしていそうで実は間違っている言葉を、正しく言いかえましょう！

1 くどくて無礼な〝二重敬語〟を言いかえ

「二重敬語」とは、1つの言葉に同じ種類の敬語を重ねることです。たとえば、「おいでになられました」は「おいでになる」と「なられる」の2つの尊敬語を重ねた二重敬語です。相手によっては「くどい」「無礼」「不勉強」などと思われるので、控えたほうがよいでしょう。

　以下に、正しい敬語表現をまとめたので、確認してみてください。また、賛否はあるものの、使用が認められつつある二重敬語もあるので、あわせてチェックしておきましょう。

二重敬語	ここが二重！		正しい敬語
✕ご利用される	「ご」＋「～される」	⇐	○利用される／利用なさる
✕おっしゃられました	「おっしゃる」＋「～される」	⇐	○おっしゃいました
✕お話しになられる	「お話しになる」＋「なられる」	⇐	○お話しになる

二重敬語 ✕ おいでになられました

ここが二重! 「おいでになる」+「～なられる」

⇐ 正しい敬語 ○ おいでになりました

二重敬語 ✕ お越しになられました

ここが二重! 「お越しになる」+「～なられる」

⇐ 正しい敬語 ○ お越しになりました

二重敬語 ✕ お帰りになられましたか?

ここが二重! 「お帰りになる」+「～なられる」

⇐ 正しい敬語 ○ お帰りになりましたか?

二重敬語 ✕ お承りました

ここが二重! 「お～」+「承る」

⇐ 正しい敬語 ○ 承りました／承知しました

二重敬語 ✕ お求めになられました

ここが二重! 「お求めになる」+「～なられる」

⇐ 正しい敬語 ○ お求めになりました

二重敬語 ✕ ご出席になられる

ここが二重! 「ご出席になる」+「～なられる」

⇐ 正しい敬語 ○ ご出席になる

認められつつある二重敬語

お召し上がりになる
ここが二重! 「召し上がる」+「お～になる」

お伺いする
ここが二重! 「伺う」+「お～する」

ご連絡いたします
ここが二重! 「ご連絡する」+「いたす」

承知いたします
ここが二重! 「承知する」+「いたす」

拝見いたします
ここが二重! 「拝見する」+「いたす」

*「拝読いたします」「拝聴いたします」も同様

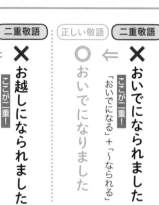

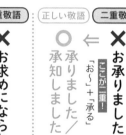

COLUMN 3

② 〝丁寧だけど少し失礼〟な表現を言いかえ

言っている本人は丁寧なつもりでも、受け取る人によっては「失礼だ」と感じる表現もあります。特に目上の方が相手の場合は、一つひとつの表現の意味を丁寧に見ていく必要があります。

「早急に」や「ぜひ」「取り急ぎ」はよく使う言葉ですが、相手が言葉の意味を吟味するタイプの場合、不快感を与えてしまうかもしれません。特にビジネスシーンでは、相手の立場やTPOをわきまえて使うようにしましょう。

早急にご対応願います

雑な感じで急かされるとストレス！

お手数おかけいたしますが、○○までにご対応いただけますよう、よろしくお願い申し上げます

「早急」「至急」という言葉に、ストレスを感じる人、腹を立てる人もいます。急いでいるときは、曖昧な言葉に頼らず、「○○までに」と具体的な期限を示しましょう。

ぜひ、ご対応願います

「是が非でも」って強要されてる！

ご対応いただけますようお願い申し上げます

「ぜひ」は「是が非でも」＝「どんなことがあっても」という意味なので、「強要されている」と感じる人もいます。思いを込めて使いがちですが、TPOに応じて言いかえましょう。

取り急ぎご報告まで

「とりあえず」って失礼だ！

⇐ まずはご報告申し上げます／まずは用件のみにて失礼いたします

「取り急ぎ」は、「とりあえずの間に合わせ」というニュアンスを含むため「失礼だ」と感じる人もいます。「取り急ぎ」ではなく「まずは」や「一旦」を使うのがベターです。

あなた様／お宅様

名前を知ってるのに…失礼！

⇐ ○○様／お客様／ご担当者様　など

「あなた様／お宅様」と呼ばれることに不快感を示す人もいます。名前を用いて「○○様」とするのがベストですが、関係性によっては「お客様」「ご担当者様」としましょう。

ここだけの話ですが…

軽薄で下世話な人…

内容にもよりますが「ここだけの話ですが～」という言葉は、軽薄で下世話な印象を持たれがちです。自分のイメージを落とすことになりかねないので、使わないほうが賢明です。

6章 ほめる・気遣い

価値観や感覚は人それぞれ。よかれと思ってかけた言葉が、必ずしも受け入れられるとは限りません。「ほめたつもりがイヤがられた」「心配しているのに〝パワハラ〟と言われた」こんな経験がある人は要注意。言葉のチョイスを見直しましょう。

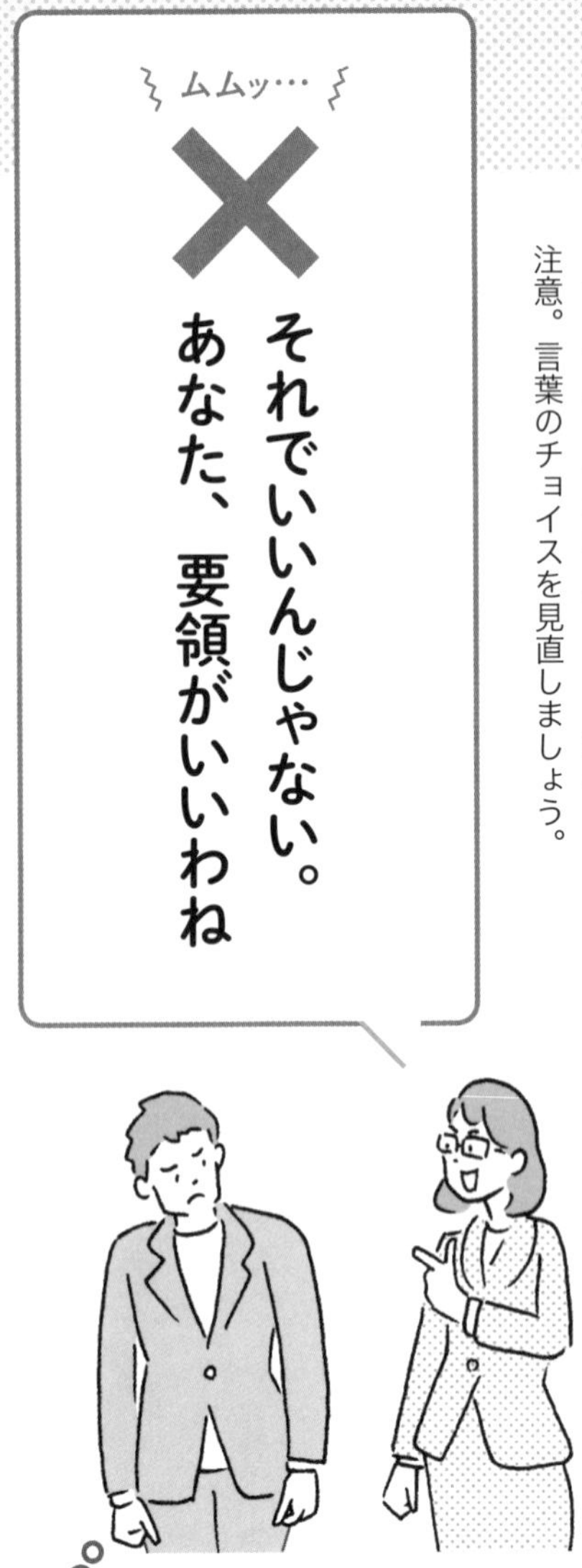
ムムッ…
×
それでいいんじゃない。
あなた、要領がいいわね
ほめられた気がしない…
頑張ったのにな、チェッ！

言い方次第で
こんなに好印象に！

＼ スッキリ！ ／

○

とてもいいね！
○○さんは
仕事が早くて助かるわ

嬉しい！　頑張った甲《か》斐《い》がありました

ほめ言葉をかける

普通…

×

○○さんってスゴイですね！

好印象！

○

○○さんのプレゼンに感銘を受けました

言いかえPOINT

「スゴイ」は、口癖になっている人もいるほど、よく使われる言葉。それゆえ聞き流されやすく、多用すると表面的で薄っぺらいと思われることもあります。せっかくのほめ言葉なら、具体的に何がどうスゴイのかを言葉にして伝えましょう。「感銘を受けました」のように、「スゴイ」の言いかえ表現もストックしておきましょう。

「スゴイ！」の使い過ぎは禁物です

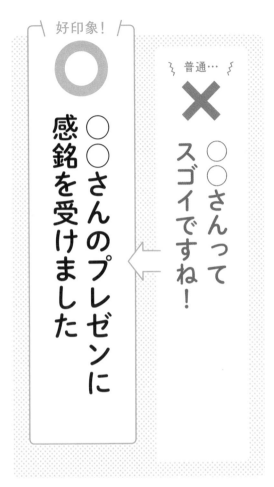

普通…

× よかったよ

好かれる！

○ 先方の社長がよく調べているとほめていたよ

言いかえPOINT

たとえばプレゼンを終えて「よかったよ」とほめるのは定番ですが、手垢が付いている感じは否めません。そこで、オススメしたいのが第三者の言葉を伝えるという方法です。伝え聞かされた人の嬉しさはグンとアップ！　嬉しいことを伝えてくれたあなたへの感謝の気持ちも膨らむでしょう。

う〜ん

× ステキです

好かれる！

○ センスがいいですね

言いかえPOINT

「スゴイ」と同様に「ステキ」も多用は禁物。口先ばかりのお世辞だと思われやすい言葉です。漠然とした言葉ではなく「センスがいいですね」や「○○さんの笑顔に癒されます」、「気が利きますね」など、具体的な内容を示してほめてみましょう。相手の喜び方が何倍も大きくなるはずです。

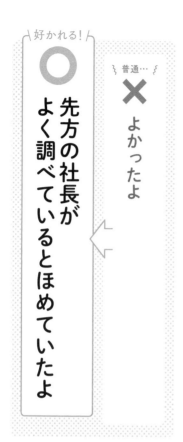

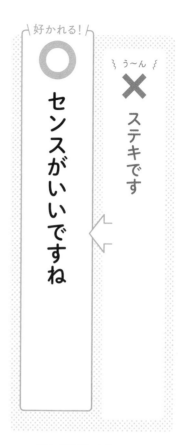

イヤな感じ

✕ それでいいんじゃない

好かれる！

〇 とてもいいね

言いかえPOINT

「それでいいんじゃない」は「まあ、そんなもんか」と、低評価の印象を持たれる言葉。投げやりな反応だと思われる恐れもあります。「とてもいいね」と言えば、高評価であることがストレートに伝わるでしょう。せっかくのほめ言葉で誤解を生まないよう、明るい表情・声のトーンで伝えることもお忘れなく。

モヤモヤ

✕ 要領がいいね

好印象！

〇 仕事が早くて助かるよ

言いかえPOINT

「要領がいい」を、ほめ言葉としてとらえる人もいますが、「上手に立ち回っている」というニュアンスを含んでいることから、皮肉だととらえる人もいます。なかには「マウンティングされた」と思う人もいるので要注意！　誤解されないよう「仕事が早いね、助かるよ」などと、シンプルに伝えるのがベター。

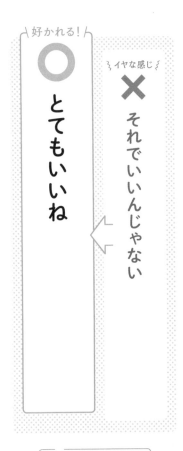

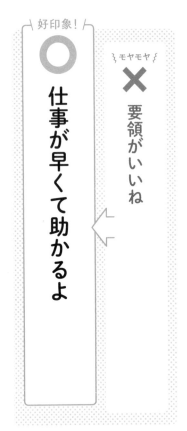

う～ん

✕ さすがですね

好印象！

○ **大変勉強になりました**

言いかえPOINT

「さすがですね」は、上からの目線の印象を与えかねない言葉です。目上の人に対しては、“暗にほめる”という方法がオススメです。「大変勉強になりました」などの表現であれば、相手も素直に喜べるはず。なお、「どうすれば、私も○○できますか？」のように、質問の形で相手をほめるアプローチも有効です。

モヤモヤ

✕ やればできるじゃん

好かれる！

○ **頑張ってくれたおかげで助かったよ**

言いかえPOINT

「やればできるじゃん」と言われると、ほめられているような、けなされているような…という気分になりませんか？　「頑張ってくれたおかげで助かった」という表現なら、その仕事に対する評価と感謝の気持ちが真っ直ぐに伝わるので、相手は素直に喜ぶことができます。今後の励みにもなるでしょう。

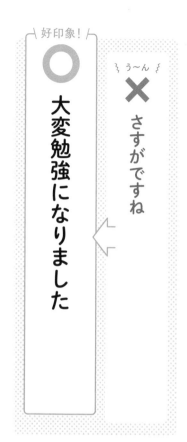

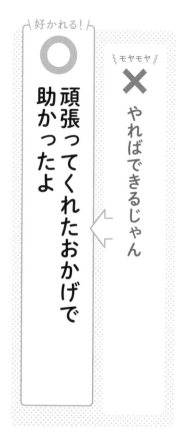

ほめる・気遣い

気遣いの言葉をかける

イヤな感じ

✕

○○よりマシだよ

好かれる！

○

前よりよくなったよ。よく頑張ったね

気遣いの言葉は繊細です

言いかえPOINT

「マシ」とは、「不満は残るが、比較的よくなった」という意味です。慰めのつもりでも、言われた側は快く思わないでしょう。「前よりよくなった」という表現なら、相手は素直に嬉しいと思えます。部下に対する声がけなら「よく頑張ったね」と添えれば、さらにGOOD！

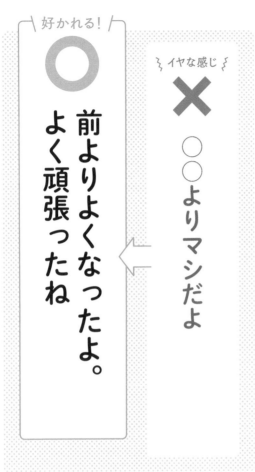

うーん

✕ それはガッカリですね

好かれる!

○ そんなことがあったんですね

言いかえPOINT

相手に残念な出来事があったとき、共感のつもりで「ガッカリですね」と言うと、ネガティブな空気が流れます。それでは、気遣いのつもりが逆効果。「そんなことがあったんですね」と、フラットに相手の感情を受け入れ、「よかったら、もう少し詳しく聞かせて」と付け加えれば、相手は話しやすくなるでしょう。

威圧的

✕ また遅刻。具合が悪いなら病院で診てもらって

スマート!

○ 大丈夫か?具合が悪いなら遠慮無く言うんだぞ

言いかえPOINT

「具合が悪い」と決めつけたうえに「病院で診てもらって」と押しつけるのは完全なパワハラです。威圧的な態度はもちろん、決めつけ・押しつけだととらえられる言葉は避ける必要があります。心配している気持ちが伝わるように「大丈夫?」と問いかけるなど、相手が話しやすくなる雰囲気づくりを心がけましょう。

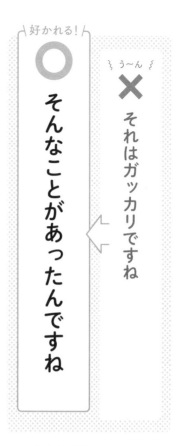

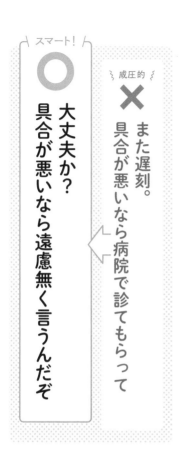

そのひと言が パワハラ・モラハラ、セクハラになる！

頭に血が昇ったり、もどかしかったりすると、余計なひと言を発してしまいがちです。また、何気ないひと言が、パワハラ・モラハラ、セクハラだと感じられることも…。“うっかりハラスメント”を防ぐために、NGワードをチェックしておきましょう。

NG! パワハラ・モラハラワード

そんなことで悩むなんて…

なんでわからないんだ！

このままだと、お前はヤバイぞ

「お前、存在感ないよな～」

給料泥棒

プレゼンがうまくいかないのは、君の性格が暗いからじゃない？

○○が趣味なんだって、
きもい～

この疫病神が！

くだらない質問をするな

そんなこともできないのか！

「やる気がないなら辞めていいよ」

「お前がいると
ムードが悪くなる」

もう、何もしなくていいから

ノロノロしてんじゃねえ

まったく、使えねえなあ

「お前より○○のほうが
仕事ができるぞ」

ホント、アタマ悪いなあ

余計なことばっかすんな

「時短勤務の人がいるから、
みんなの負担が増えている」

お前のせいで
みんなイライラしてる

NG!

セクハラワード

結婚はまだしないの？

旦那さんが養って
くれるからいいね～

「子どもは○歳までに
産んだほうがいいよ」

「妊娠中の検診なんて、
休みの日に行くべきでしょ」

女性なのに
だらしないわね

色っぽいね～、スタイルいいね～

最近キレイになったね～

彼女（彼氏）
いないの？

「イライラしてるけど、
生理中？　更年期？」

そのネックレスいいね
彼氏にもらったの？

若い子にいれてもらったお茶は美味しいな～／
君がいれたお茶は美味しいな

この仕事は女性（男性）には
無理だと思う

あれ、昨日と同じ服じゃない？

女性は、残業が少ない部署がいいんじゃない？

オシャレだね、今日はデート？

男のくせに
しっかりして！

「専業主婦（夫）のほうが
向いているんじゃない？」

これだから女は使えない

お母さんが働いていると
子どもは寂しいんじゃない？

「忙しいの？　肌が荒れてるよ」

「出世したいなら
子どもはあきらめたほうがいいよ」

（妊娠の報告を受けて）
またできたの？／困ったなあ、また休まれるのか

COLUMN 4

パワハラ・モラハラ、セクハラ対処法

case 1 結婚、子どもの予定などを聞いておきたいとき

セクハラ！

✕ 結婚、出産の予定はあるの？

⇐

○ ライフキャリアはどう考えているの？

上司として女性社員の結婚や出産の予定を確認しておきたいのは当然のこと。しかし、結婚や出産はセンシティブな話題。プライベートなことをズケズケと聞くのはデリカシーに欠ける言動です。「セクハラだ」と問題になるケースもあるので「ライフキャリア」という言葉を使って聞くのがよいでしょう。

case 2 軽やかにコミュニケーションをとりたいとき

セクハラ！

✕ どうしたの、そのネックレス、彼氏にもらったの？

⇐

○ 素敵なネックレスだね

話しやすい環境を目指して、こまめにコミュニケーションを取りたい気持ちはわかりますが、「彼氏」「彼女」の話題は控えましょう。親しい間柄であっても、プライベートを詮索していると相手に思われる言葉はNG。ほめ言葉であれば、「素敵なネックレスだね」くらいの表現にとどめておきましょう。

よく耳にする言葉もあるね…
とくに頭に血が昇ったときは深呼吸！
冷静に言葉を選びましょう

case 3 うまくいっていない人に声をかけるとき

モラハラ！

× なんでできないんだ…

⇐ ○ どういうことで悩んでいるの？

キツイ言い方ではなくても「なんでできないんだ」などと言われると「他の人はできるのに」「できないお前が悪い」と否定されている気分になります。うまくいかない人に助け舟を出してあげたいときは、相手の気持ちに寄り添うことが大切。「どういうことで悩んでいるの？」と穏やかに声をかけましょう。

case 4 悩んでいる人に声をかけるとき

パワハラ！

× なにやってんだよ！異動させるぞ

⇐ ○ どこでつまずいているの？

発破をかけてるつもりでも、「異動させるぞ」と言うのは完全な脅し。パワハラです！「信頼関係があるから大丈夫」という過信も禁物です。言われた側は、服従を強いられている気分になり、メンタルにも悪影響を及ぼす恐れがあります。冗談のつもりでも、恫喝《どうかつ》めいた言葉は使わないようにしましょう。

7章 電話・メール・ＳＮＳ

電話やメール、ＳＮＳは、相手の様子がわかりにくいため、手を抜いたり、気配りを忘れたりすると、大きなミスやトラブルにつながることも。対面での会話より、さらに慎重に言葉を選びましょう。

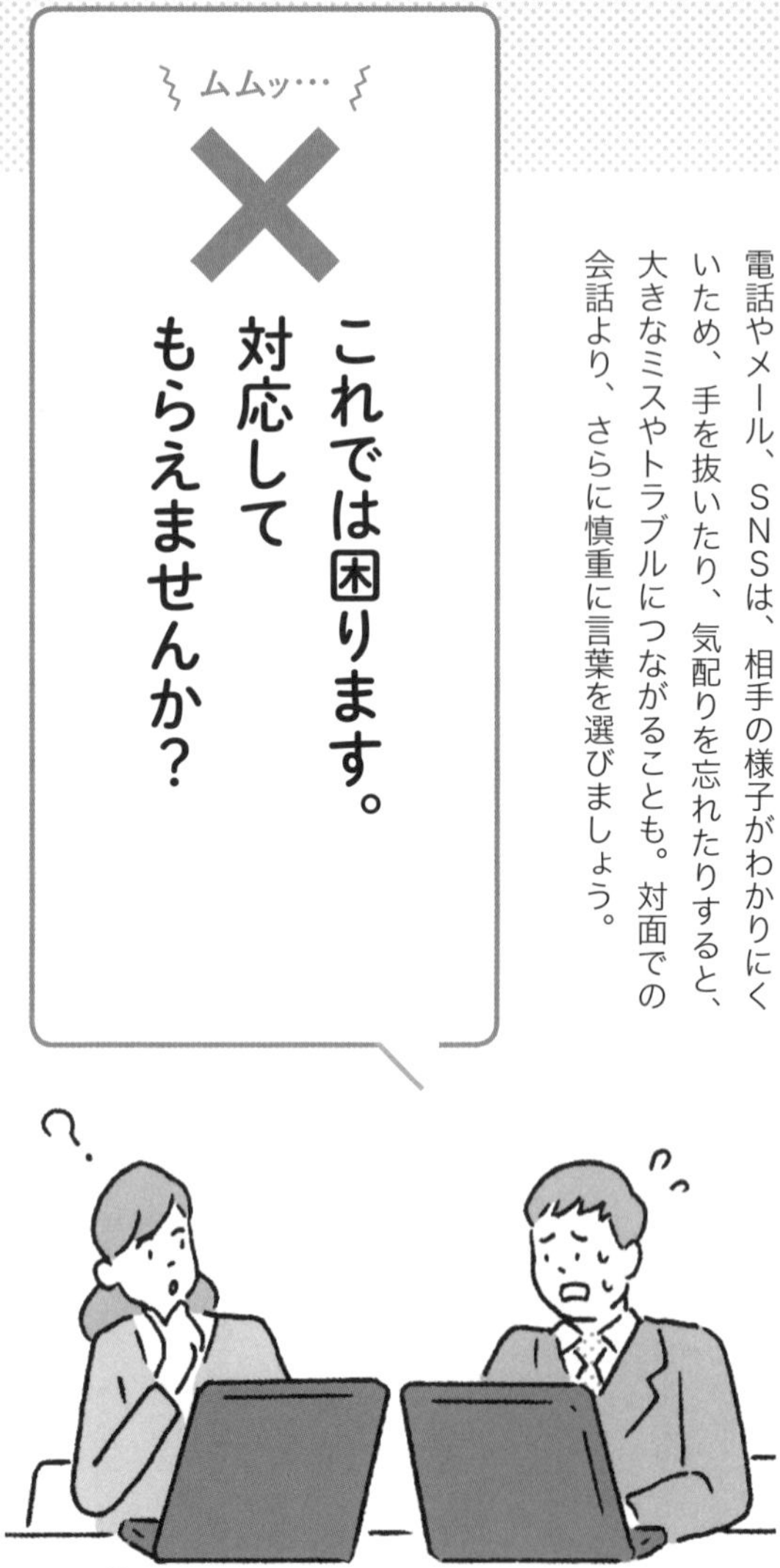
ムムッ…
×
これでは困ります。対応してもらえませんか？
何に困ってるの？後回しでいっか～

言い方次第で
こんなに好印象に！

＼ スッキリ！ ／

○

○○のデータが
不足しているようです。
ご対応いただけますと
大変助かります

電話編

スマートな電話応対の基本

ムムッ…

×

○○です。
○○の件ですが〜

好印象!

○

今、お時間よろしいでしょうか?

言いかえPOINT

いくら自分が忙しくても、相手が電話に出た途端、一方的に本題に入り、用件を伝えるのはとても失礼。「今忙しいのに!」とイラッとされるばかりか、社会人としてのマナーが欠落していると思われても仕方がありません。相手の状況が見えないからこそ、気遣いと礼儀が不可欠です。最初に相手の都合を確認しましょう。

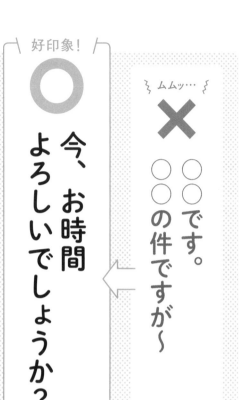

ムムッ…

×

○○さんはおられますか？

スッキリ！

○

○○様はいらっしゃいますか？

言いかえPOINT

「おられる」は「いる」の謙譲語である「おる」が変化したもの。丁寧な印象があるかもしれませんが、へりくだった表現なので、目上の人の行為に使うのは不適切です。最近「おられる」を使う人が増えているので要注意！　普段から「いる」の尊敬語「いらっしゃる」を使う習慣をつけましょう。

威圧的

×

至急ご連絡ください

デキる人！

○

急ぎの用件がございます。ご連絡をいただけるようお伝え願えますか

言いかえPOINT

伝言を依頼する場合は、どんなに急いでいても気配りを忘れてはいけません。関係性がまったくできていない相手に、いきなり不躾《ぶしつけ》な態度を取られれば、イラッとくるのも当然のこと。急ぎの用件であること、連絡をいただきたいことを、わかりやすく伝えたうえで、「お伝え願えますか」と、丁寧にお願いしましょう。

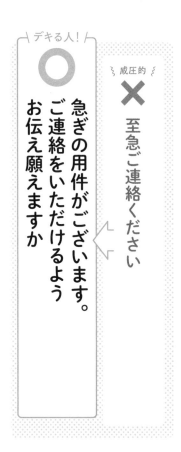

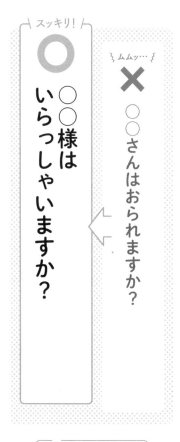

ワンポイント!

電話応対で使えるフレーズ集

担当者がわからない…

お答えいただける方に
代わっていただけないでしょうか

夜遅い時間に電話をかける

夜分遅くに申し訳ございません

相手の名前を確認!

お名前を伺ってもよろしいでしょうか?

「急いでいる?」の確認

お急ぎのご用件でしょうか?

自分で判断できない…

のちほど担当の者からご連絡させていただきます

担当者が電話中…

差し支えなければ私がご用件を伺います

名前を名乗る

私、○○が承りました

担当者が遅刻…

本日立ち寄りがございまして、
○時頃に出社する予定です

受けた電話だけど用件を話したい

いただいた電話で恐縮ですが

電話に出るのが遅くなった！

お待たせしました

番号が異なる別部署宛ての電話を受けた

その件は○○課でお伺いしています。
おつなぎいたしますので、少々お待ちください

取り次がれた電話に出る

お電話代わりました、○○でございます

メール編

見落とされないメールの基本

モヤモヤ

✕

（件名）ご連絡です

スッキリ！

○

（件名）商品○○キャンペーンのラフ案（3点）

言いかえPOINT

メールではまず目に入るのが「件名」です。「おはようございます」「ご報告です」など、内容がわからない件名は、迷惑メールと思われやすく、開封も後回しにされがち。「マナー知らず」「デキないヤツ」と思われることも。パッと見た瞬間にメール内容を把握できるよう「簡潔にして具体的な件名」を心がけましょう。

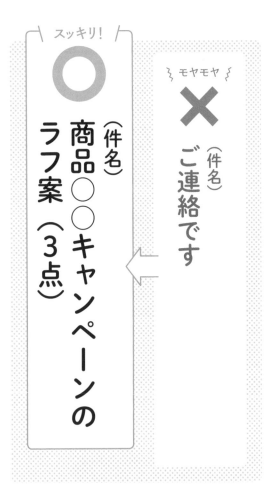

誤読を防ぎたい

モヤモヤ

×

明日までに
お送りいただければ幸いです

デキる人！

○

明日6月15日（水）15時までに
プレゼン資料を
お送りいただければ幸いです

言いかえPOINT

「誰が」「何を」といった主語や目的語は、“わかってくれているはず”と思い込んで省略しがちです。目の前に相手がいれば、すぐに質問をして解決できますが、メールの場合はよからぬ誤解を招いたり、相手を悩ませてしまったり、確認の手間がかかったり…。非効率なうえストレスの原因にもなるので注意しましょう。

メールの文面を見やすくしたい

ムムッ

×

株式会社○○　□□様

いつもお世話になっております、○○社の○○です。
新商品「△△」のキャンペーンのコンペの日程が決まりました。4月5日（火）14～16時、弊社大会議室（5階）で行います。当日使用するキャンペーンプランの概要と、スケジュール表を添付しますので、ご確認いただけますでしょうか。

以上、不明点がございましたらご連絡ください。
お忙しいところ誠に恐れ入りますが、よろしくお願いいたします。

言いかえPOINT

改行がないメールは、読みにくいだけでなく、読み間違えたり、読み逃したりするリスクも高まります。長くても1行に35文字ぐらいにして、句読点の位置や区切りのいいところで改行しましょう。また、内容が変わるところには空白の行をつくるほか、大事な部分は罫線で区切る、伝達事項が複数あるときは箇条書きを用いるなど、“見やすさ最優先”で工夫を凝らしましょう。

スッキリ！

○

株式会社○○　□□様

いつもお世話になっております。
○○社の○○です。

> 空白の行があるとスッキリ見やすい

新商品「△△」のキャンペーンの
コンペの日程が決まりました。

> 1行は短めでテンポよく

下記のとおり、ご連絡いたします。

****
日時：　4月5日（火）　14～16時
場所：　弊社大会議室（5階）
****

> 大事な部分は罫線で区切って見落とし予防

また、当日使用する資料（以下2点）を
添付しておきます。
併せてご確認いただけると助かります。

【添付資料】
・キャンペーンプランの概要（PDF）
・スケジュール表（Excel）

> 複数の項目は箇条書きに

以上、不明点がございましたら、ご連絡
ください。

お忙しいところ恐れ入りますが、よろし
くお願いいたします。

整理されたメールはデキる人という印象！

印象のよい依頼文

威圧的

✕

ご返信ください

スマート！

○

急なお願いで
申し訳ございませんが
○時までに
ご返信いただけますか

言いかえPOINT

「ご返信ください」という書き方は一方的な指示に感じられます。相手の状況が見えないメールゆえ、相手への気遣いが欠かせません。「急なお願いで申し訳ございませんが」とお詫びを入れてから「ご返信いただけますでしょうか」と相談風の書き方をすることで、相手は気持ちよく依頼を受け入れてくれるでしょう。

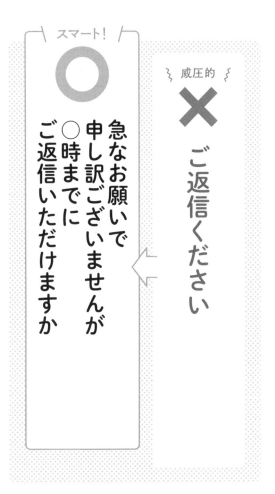

威圧的

×

○○をやっておいてください

好印象！

○

○○していただけると助かります

言いかえPOINT

業務連絡であっても、そっけない表現や上から目線の表現は悪印象。「〜していただけると助かります」と書くと角が立ちません。「ほかならぬ○○さんにお願いしたい」（42ページ参照）と、相手の自己重要感を満たす言葉を使うのも有効。「○○さんの力をお借りしたく〜」と書くのもスマートで好印象です。

う〜ん

×

○○したいと思い、メールしました

スマート！

○

○○したく、メールいたしました

言いかえPOINT

メールでは読みやすさを意識して文面を考えましょう。「〜したいと思い」という言葉は間違いではありませんが、まどろっこしい印象。「〜したいと思い」を簡潔に言い表す「〜したく」を使えば文面が引き締まります。「〜したく」は丁寧な表現なので、目上の方や取引先へのメールでも重宝します。

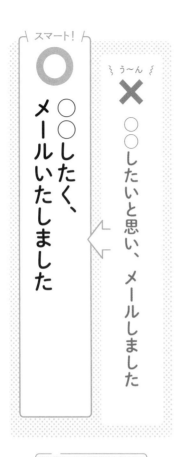

誠実なお詫びの文書

不誠実 ×

○○社　○○様

このたびはお送りした商品に不備があり、
誠に申し訳ございませんでした。
お手数ですが、商品をご返送いただけますか。
よろしくお願いいたします。

言いかえPOINT

事務的でそっけない文面では、誠意が伝わらず「メールで簡単に済ませようとしている！」と、相手の怒りを増幅させてしまうかもしれません。相手の気持ちに寄り添い、ミスが起きた原因、今後の対応策を具体的に伝えることが大切。以下のような要素を盛り込んで文面を作成しましょう。

お詫びメールはここが大切！

誠意のある謝罪	言葉を変えながら、何度もお詫びの言葉を重ねましょう
相手の気持ちに寄り添う	ときには、「不快な思いをされたことと存じます」と、相手の怒りや失望に共感する言葉が有効なケースもあります
原因を示す	考えられる原因を伝えることは、正直に非を認めることであり、誠意を伝える役割も果たします
対応策を書く	迅速に、具体的な対応策を示すことで相手の怒りが鎮まることも少なくありません
改善策を書く	ミスやトラブルが再発しないよう、今後の改善策を示すことも大切。反省の気持ちを伝えることができます
お詫びの言葉で締めくくる	お詫びの言葉で結びましょう。「のちほど改めてお電話させていただきます」と書き加えたほうがいいケースもあります

デキる人！

○

○○社　○○様

お世話になっております。
○○社の○○です。

このたびはお送りした商品に不備があり、
誠に申し訳ございませんでした。

誠意のある謝罪

ケースが壊れていたとのこと。
ご不快な思いをさせたことと存じます。
心よりお詫び申し上げます。

相手の気持ちに寄り添う

原因としては、素材の強度不足が考えられます。
検品が行き届かなかった点についても、重ねてお詫び申し上げます。

原因を示す

つきましては、至急、万全を期した商品をお送りいたします（宅配便にて明日午前中着となります）。

対応策を書く

以後、同じような不手際がないよう、
製造精度や検品の質を高めていく所存です。

改善策を書く

誠に勝手なお願いではございますが、
引き続き、お引き立ていただけますと幸いです。

なお、お手元の欠陥商品は今後の品質改善の分析のため、
宅配便着払いで弊社○○宛にお送りいただけると助かります。
お手を煩わせて申し訳ございませんが、
何卒よろしくお願いいたします。

このたびは、本当に申し訳ございませんでした。

お詫びの言葉で締めくくる

電話・メール・SNS

苦情・抗議の文書

普通…

×

ご対応いただけますよう、よろしくお願いいたします

スマート！

○

弊社の信用にも関わる問題ですので～

言いかえPOINT

メールで苦情や抗議を伝える場合、文面でトーンを伝える必要があります。深刻な状況の場合「ご対応いただけますよう～」というやんわりとしたお願い文では断固たる姿勢が伝わりません。「弊社の信用にも関わる問題ですので～」というひと言を添え、交渉や相談ではなく、強い抗議であることを伝えましょう。

スマート！

○

受け入れがたい点がありました

イヤな感じ

×

それでは困ります

言いかえPOINT

「それでは」や「困ります」という表現はとても曖昧で、何がどう困っているのかが伝わりません。「受け入れがたい点がありました」と書き、具体的にどの点かを書き加えれば、迅速かつ的確に対応・対処してもらえるでしょう。「物足りない点がございます」「腑《ふ》に落ちない点が多々あります」などでもOKです。

スマート！

○

誠意ある回答（対応）をお待ち申し上げます

普通…

×

○○していただけませんか？

言いかえPOINT

「○○していただけませんか？」というソフトな文面では、深刻さが伝わりません。「誠意ある回答（対応）を〜」と示すことで、真剣さを伝えることができます。「善処（対応／改善）いただけますようお願い申し上げます」「責任ある回答をここに申し入れる次第です」などのかしこまった文面もオススメです。

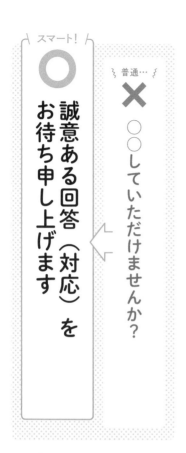

イヤな感じ

×

どうなっているんですか？
至急、ご対応願います

スッキリ！

○

万一、期日までにご回答がない場合は
しかるべき措置をとらせていただきます

言いかえPOINT

感情的な文面は、相手との関係性にヒビを入れかねません。苦情メールで大切なのは怒ることではなく、適切な対応を求めることです。「いつまでに」「何をしてもらいたいか」をハッキリと書き、改善・解決しない場合には、「しかるべき措置をとらせていただきます」と書き添えて強い抗議の意を示します。

う〜ん

×

とても残念です

スマート！

○

誠に遺憾です

言いかえPOINT

相手の対応に不満があるときは、ソフトな言葉で伝えるのはNG。気持ちが十分に伝わりません。かといって感情に任せた文章では、相手との関係性が悪くなることも…。そこでオススメしたいのが、不満を表す定番フレーズ「遺憾です」。これならフォーマル感を出しながら強い不満の意を伝えることができます。

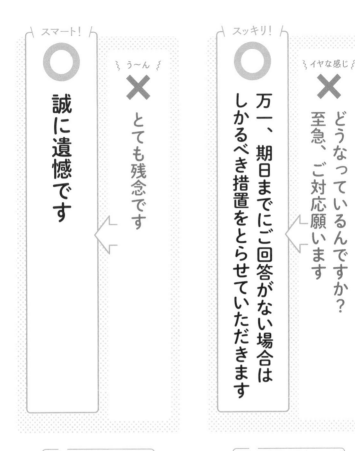

イヤな感じ

✕

意味がわかりません

デキる人！

○

ことの次第が判然といたしませんが〜

言いかえPOINT

「わかりません」は、文章にすると少し幼稚で曖昧な印象を与える言葉です。「判然としない」という硬めの言葉に言いかえましょう。「事の次第が判然といたしませんが、詳しい経緯を教えていただけますか」と具体的に質問をすることで、問題の解決に向かいたいという意思を伝えることができます。

モヤモヤ

✕

今後ともよろしくお願いいたします

スッキリ！

○

今後はくれぐれもご注意ください

言いかえPOINT

強く抗議しているのか、注意を促すレベルなのかを最後に書き加えましょう。「今後ともよろしくお願いいたします」では、いつものメールと変わりません。強い抗議であれば、「しかるべき措置をとらせていただきます」、注意のレベルなら「今後はくれぐれもご注意ください」と書くといいでしょう。

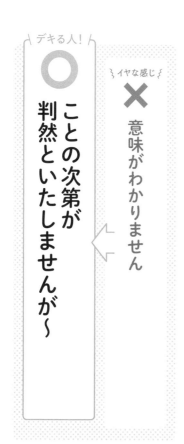

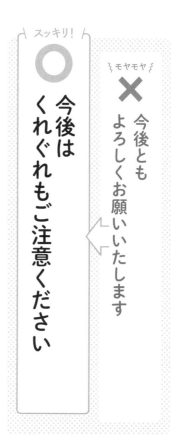

メールで退職の挨拶を送る

個別送信　退職の挨拶メール文例

モヤッ…

✕

件名：お世話になります、○○です。

○○様
いつもお世話になっております、○○です。
このたび、父の介護をするために退職することになりました。
今までお世話になり、本当にありがとうございました。

○○部長とうまくいかず、心も身体もボロボロですが、
また違う職場でお仕事ご一緒できると嬉しいです。

退職の挨拶メールはここをチェック！

件名	「退職のご挨拶　(社名、名前)」用件をシンプルに
宛先は	お世話になった方宛ての挨拶は、個別で送る
退職理由	詳細は書かず「一身上の都合」とするのがマナー
感謝の気持ちを伝える	具体的な思い出を添えると好印象
メールでの挨拶を詫びる	「本来なら、直接お伺いして挨拶すべきところですが～」とメールでの挨拶になったことを詫びる
後任者を知らせる	名前、後日挨拶に伺うことを伝える
挨拶の言葉で締めくくる	「ますますのご活躍を心よりお祈り申し上げます」など

＼スッキリ！／

○

お世話になった方には個別に送る

件名は用件と名前

件名：退職のご挨拶（株式会社○○　○○）
株式会社○○　営業部
○○様

退職理由は「一身上の都合」とするのがマナー

いつもお世話になっております。
株式会社○○の○○○○です。

私事で大変恐縮ですが、一身上の都合により、
○月末をもって株式会社○○を
退職することになりました。

具体的な思い出を添えて感謝を伝える

○○様には何かとお力添えをいただき、
ありがとうございました。
開発プロジェクトでは
励ましのお言葉をたくさんいただき、
本当に感謝しております。

メールでの挨拶を詫びる

本来なら直接お伺いしてご挨拶すべきところですが、
メールでのご連絡となりましたことをお詫び申し上げます。

後任は、同じ部署の○○が務めさせていただきます。
後日改めて○○がご挨拶に伺いますので、
変わらぬご指導の程よろしくお願い申し上げます。

後任者を知らせる

末筆ながら、貴社のご発展と○○様のますますのご活躍を
心よりお祈り申し上げます。

挨拶の言葉で締めくくる

言いかえPOINT

仕事上でお世話になった人に対しては、個別にメールを送ります。退職理由は「一身上の都合」とするのがマナーです。どんなに親しくても、愚痴や苦言を入れるのはNG。メールは相手が削除しない限り残ります。「立つ鳥跡を濁さず」の精神で。可能であれば今後の連絡先を添えましょう。

一斉送信（宛先非公開） 退職の挨拶メール文例

「Cc」「Bcc」を使う際の注意点

一斉送信で「Cc」を使うと、受信者全員のアドレスが表示されます。宛名の下に「Cc：○○様」と書き、他にもこのメールを読んでいる人がいることを知らせるとよいでしょう。Ccに入れる人が自社社員であれば敬称は省略、社外の人であれば敬称を付け、「Cc」の人数が多いときは「各位」「○○各位」などとします。

一方、すべての宛先を非公開にするためには、「Bcc」に送信先アドレスを入力し、「To」に自分のアドレスを入力しましょう。こうすることで、送信先のアドレスはすべて非公開になります。受信者のメールアドレスは表示されないので宛名は不要。「本メールはBccにてお送りしています」と、ひと言添えると丁寧です（※129ページ文例中）。

一斉送信では個人情報漏洩に注意!

メールアドレスは大事な個人情報です。Bccに入れたつもりがCcに入れてしまった…というミスは個人情報漏洩につながり、大問題に発展するケースも。送る前に必ず再確認しましょう。

退職の挨拶は礼儀正しく丁寧に。愚痴や悪口は禁物です

好印象！

○

表示されるので
自分のメールアドレス
を入力

To: 自分のメールアドレス
Bcc: 一斉送信するメールアドレス

表示されない

件名：退職のご挨拶（田中）

件名は用件を
シンプルに

○○プロジェクトメンバー各位
（本メールは Bcc にてお送りしています）※

宛名は
一斉送信の場合、
「各位」「○○各位」

お疲れ様です、○○部○○課の田中です。
この度、一身上の都合により
○月末で退社することになりました。

退職理由は
「一身上の都合」
とするのがマナー

これまで至らぬ点もあったかと思いますが、
皆さまからいただいた
叱咤激励の言葉が私の励みとなり、
多くの学びを得ることができました。

お礼の気持ちを伝える

今後も、この会社で培った経験を
活かしていきたいと思っております。

退職後の連絡先は下記になりますので、
今後ともご連絡いただけると幸いです。
メールアドレス：○○○○○
携帯：○○○○○○

退社後の連絡先を
伝える

最後になりましたが皆様の
益々のご活躍を心よりお祈り申し上げます。
今まで本当にありがとうございました。

挨拶、お礼の言葉で締めくくる

メールを転送する際のマナー

ムムッ…

✕

企画書を転送します
〈以下、転送文〉

スッキリ!

○

□□社から企画書が送られてきました。
参考までに
お目通しください（返信不要です）
〈以下、転送文〉

言いかえPOINT

転送の際は、「確認してほしい」「目を通して把握しておいてほしい」「アドバイスがほしい」など、転送先の相手に、求める内容を明確に伝えましょう。なお、個人情報や機密情報、個人的なやり取りを勝手に転送するのは礼儀を欠く行為です。あらかじめ元の送信者に転送の許可を得ておくのがマナーです。

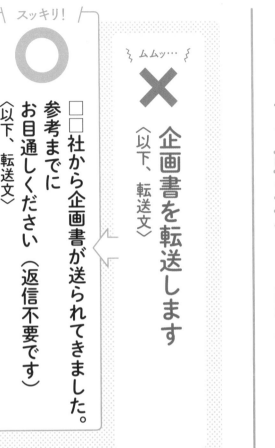

ワンポイント！

正しい敬称をチェック！

「様」は個人への敬称、「御中」は企業、部署などの組織や団体宛ての敬称。「御中」と「様」「殿」を併記したり、役職を示す「社長」「部長」「課長」「マネージャー」「グループリーダー」「チーフ」などの敬称に「様」「殿」の敬称を重ねるのは間違いです。また、「各位」は「様」という意味が含まれるため併用しませんが、「お客様」や「お得意様」は、その言葉全体が慣用的表現となっているため、様は省略しなくてOK。

✕ 間違い	正解！ ○
敬称ダブりに注意！ (株)○○御中　田中様	(株)○○　田中様
(株)○○　田中社長様	(株)○○　田中社長
株式会社○○様	株式会社○○御中
株式会社○○　営業部様	株式会社○○　営業部御中
営業部各位様	営業部各位
ご担当者様各位	ご担当者様
お客各位	お客様各位
山本部長殿	山本部長
福田マネージャー様	福田マネージャー

SNS編

嫌われないSNSの書き方

イヤな感じ

✕

2カ月で離婚って、
最初から結婚するなよ！

好かれる！

〇

結婚生活って、いろいろあるよね～

言いかえPOINT

「2カ月で離婚」というネタに、「だったら結婚するな」と正論を吐くのは簡単です。しかし、SNSを見ている人の中には、すぐに離婚してしまった人、離婚を考えている人がいるはずです。本音を語る姿勢はすばらしいですが、読む人に不快感を与えないサジ加減は身に付けたいもの。近視眼的な正論は共感を得にくいものです。

SNSは不特定多数の人が見ている！

イヤな感じ

×

私、社長に気に入られちゃってるんだよね。この前はミシュランの三つ星レストランに連れて行ってもらっちゃった。スゴク美味しかったよ〜♡

⇩

好かれる！

○

憧れのレストランに
連れて行ってもらう機会が！
すごく美味しくて感動♡
また行けますように！

言いかえPOINT

自分は特別、私って幸せ〜というアピールは、嫌われる可能性大！　そんなつもりはなくても、「自慢話ばかりで鼻につく！」と思われがち。SNSで仲間や共感者を増やしたいなら、自分を必要以上に飾り立てないことが大切。弱みや失敗を含め、素の自分を出すことが、あなたの魅力を伝えることにつながるでしょう。

イラッ

×

だからダメなんだよ、
やってみなよ！

イイね！

○

私も、まったく興味なかったんですがやってみたら楽しくて！

イヤな感じ

×

家族で湘南海岸？　わざわざ混雑しているところに行くかねｗ

イイね！

○

わー、家族で湘南海岸なんて楽しそう！

言いかえPOINT（下）

攻撃的・後ろ向きなコメントが多い人には、近づきたくないですよね？　ネガティブな発信をしそうになったら視点を変えてみましょう。うらやましいと感じる投稿には、「うらやましいなあ。いいですね！」と、ポジティブなコメントを。相手も喜び、自分自身の気持ちも前向きになるので一石二鳥です。

言いかえPOINT（上）

SNSでは短い言葉で会話をするのが主流。会話の流れから意図を汲むことが難しく、一瞬の印象で「上から目線」「否定的」などととらえられがちです。「だからダメなんだ」という上から目線と、「でも～」から始める否定的な目線は嫌われる原因のツートップ。フラットな目線でコメントするのがGOOD！

SNSに固有名詞を出す場合はネガティブな内容は控えて！

ポジティブな内容であれば、店名や人の名前を具体的に書いてもOK。読む人も、紹介されたお店や人も喜んでくれるでしょう。一方、ネガティブな内容で固有名詞を出すのはちょっと待った！

匿名のSNSでも人を傷付けるのは許されることではありません。近年では、誹謗中傷コメント、脅迫や差別的なコメントをした人が、名誉毀損罪や侮辱罪などに問われたり、慰謝料を請求されたりするケースも増えています。

SNSは自分の言葉を世界中に伝える壮大なツールです。発信する前に冷静に自分の文章を読み返す習慣をつけてください。「自分がこれを書かれたらイヤだな」という文章になっていたら、投稿するのは控えましょう。また、他人の個人情報を勝手に掲載するのも御法度です。

COLUMN 5

“軽いメール言葉”をきちんと言いかえ！

メールを使い慣れていないと、話し言葉と同じ感覚でメールの文面を書いてしまいがちです。「親しみを込めたい」と思っていたとしても、「失礼な人」と思われるかもしれません。「軽いメール言葉」はできるだけ控え、失礼のない言葉に変換しましょう。

軽い △		きちんと! ◎
今日	⇒	本日
すいません	⇒	申し訳ございません
私たち	⇒	私ども
しばらくぶりです	⇒	ご無沙汰しております
これからも	⇒	今後とも
ちょっとお待ちを	⇒	少々お待ちください
だいたい	⇒	約
ちゃんと	⇒	きちんと

やっぱり	⇒	やはり
ばっかり	⇒	ばかり
こっちで	⇒	こちらで
っていうか	⇒	というより
ないです	⇒	ありません
たぶん	⇒	おそらく
あとで	⇒	のちほど
○○しときます	⇒	○○しておきます
やっと	⇒	ようやく
じゃなくて	⇒	ではなく
〜したいんですが	⇒	〜したいのですが
いっぱい	⇒	多くの
全部	⇒	すべて
あんまり	⇒	あまり

軽い △		きちんと! ◎
だんだん	⇒	徐々に
ときたま	⇒	ときどき
どんどん	⇒	急速に
なるほどですね	⇒	ごもっともです
いいですか	⇒	よろしいでしょうか
もうすぐ	⇒	まもなく
どこへ	⇒	どちらへ
すごく	⇒	大変／とても／非常に
こんな	⇒	このような
お世話さまです	⇒	お世話になっております
おわかりいただけた	⇒	ご理解いただけた
○○しちゃってください	⇒	○○してください

やってください	⇒	してください
○○しなきゃいけない	⇒	○○しなくてはいけない
○○だけど	⇒	○○ですが
○○だから／○○なんで	⇒	○○のため
めちゃめちゃ	⇒	かなり
通さないで	⇒	通さずに
○○とか○○	⇒	○○や○○
いろんな	⇒	いろいろな
みたいです	⇒	のようです
一番	⇒	最も
ちょっぴり	⇒	少し
超よかった	⇒	とてもよかった
○○なんて	⇒	○○は
○○してます	⇒	○○しています

8章 冠婚葬祭

慶事や弔事といった冠婚葬祭の場面では、普段以上に礼儀が大切。知らずに失礼な言葉を口にしてしまった！　うっかり余計なことを言ってしまった…などということがないように、言葉のマナーを身に付けておきましょう。

ムムッ…
×
突然だったのでビックリしました。でも、絶対大丈夫ですよ！
ガサツな人だな。無神経なこと言わないでよ…

言い方次第で
こんなに好印象に！

＼ スッキリ！ ／

○

突然のことで
驚いております。
お大事に
なさってください

穏やかでスマートな人。
お見舞いありがとうございます！

お祝い編

祝福を伝える

普通…

✕

おめでとうございます

好印象！

○

このたびは
○○されたとのこと。
心よりお祝い申し上げます

言いかえPOINT

お祝いの言葉が「おめでとうございます」だけでは寂しすぎます。何に対するお祝いなのかを明確に伝えたうえで、「心よりお祝い申し上げます」と言えば、祝福の気持ちが伝わりやすくなります。さらに、「○○様もさぞお慶びのことと存じます」と関係者への配慮の言葉も添えれば、“大人の振る舞い”として及第点です。

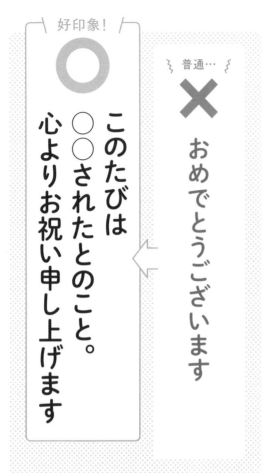

モヤモヤ

×

ご出世おめでとうございます

スッキリ！

○

ご昇進おめでとうございます

言いかえPOINT

社内での役職が上がった場合は「昇進」を使うのが基本。「出世」は、高い地位に昇りつめた場合や業界、世間に名前が知られるようになった場合に使われます。課長から部長になった際に「ご出世」を使うと、大げさ！と思われるのでご注意を。また、お祝い事の場合は、相手が部下でも丁寧語を使うのがマナーです。

モヤモヤ

×

（葬儀、医療関係者宛の場合）
ますますご盛栄のことと存じます

スッキリ！

○

ますますご清栄のことと存じます

言いかえPOINT

「ご盛栄」や「ご繁栄」は商売が盛んであることを祝う言葉です。相手の職業によっては、不謹慎ととらえられることがあります。人の生死、病などを扱う葬儀、医療関係者宛ての場合は、相手の健康や繁栄を喜ぶ意味の「清栄」を使うのが無難です。なお、「盛栄」と「清栄」は同音異義です。打ち間違いに注意を。

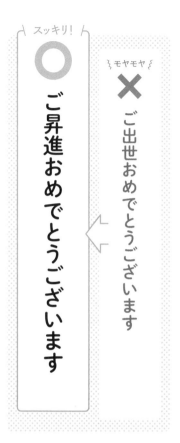

冠婚葬祭

お見舞い編

いたわりの気持ちを伝える

うーん

✕

大丈夫ですか？

↓

好印象！

〇

お加減はいかがですか？

言いかえPOINT

相手の状況を聞く際に使う「大丈夫？」は、ラフすぎてお見舞いの場にはなじみません。相手が親族や同僚など身内の場合にうっかり使いがちですが、親しい間柄でも「お加減はいかがですか？」と丁寧に聞きましょう。「お仕事が気にかかるとは思いますが、ゆっくりとご静養ください」などと添えるのもいいでしょう。

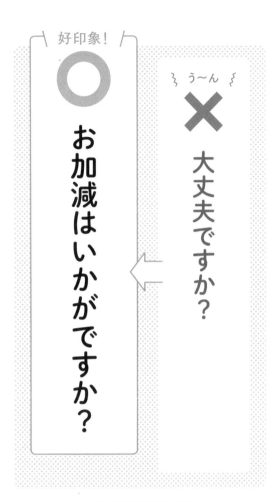

う〜ん

×

ビックリしました！

スマート！

○

突然のことで大変驚いております

言いかえPOINT

急な病気やケガ、災害などのお見舞いでは、はじめにかける言葉が大切です。失礼だと思われないように、丁寧かつ穏やかな態度、声のトーンで話しましょう。相手が元気そうであることがわかれば、「心配しておりましたが、お元気そうで安心しました」と励ましの言葉をかけてもいいでしょう。

ムムッ…

×

絶対大丈夫ですよ！

スッキリ！

○

お大事になさってください

言いかえPOINT

たとえ励ましのつもりでも、相手の状況を把握していない立場で「絶対大丈夫」などと言うのは控えましょう。場合によっては「無神経だ」と思われたり、相手を傷付けてしまったりすることもあります。「焦らずにご養生ください」「早く元気になってくださいね」といった、気遣いの言葉をかけるのが基本です。

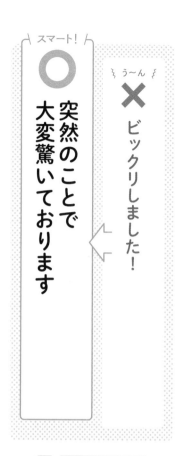

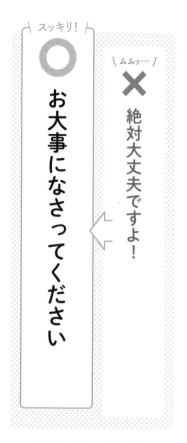

冠婚葬祭

お悔やみ編

お悔やみの言葉をかける

ムムッ…

✕

お亡くなりになられたと聞き

スッキリ!

○

亡くなられたと聞き

普段使わない言葉遣いに要注意

言いかえPOINT

「お亡くなりになられる」は、「亡くなる」と「なられた」の2つの敬語を重ねた“二重敬語”です。二重敬語は丁寧に話そうとするあまり、なんとなく発してしまうケースがほとんど。お悔やみの言葉は、できる限りスマートに伝えたいもの。シンプルに「亡くなられたと聞き」と言えば問題ありません。

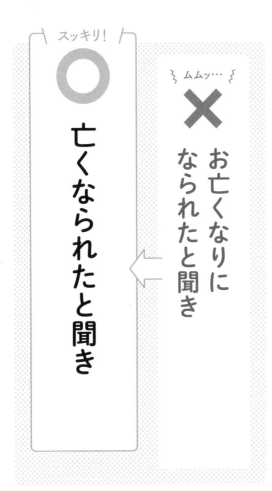

ムムッ…

✕ 元気を出して

スマート！

○ 心中、お察し申し上げます

言いかえPOINT

どんなに励ましたい気持ちがあっても、明らかに憔悴《しょうすい》しきっているご遺族に「気を落とさないで、早く元気を出して」という意味合いの言葉をかけるのはアウト。周りで見ている人からも、「無神経だ」と思われてしまいます。相手の悲しむ心に寄り添う言葉で、悼む気持ちを伝えましょう。

ムムッ…

✕ 重ね重ねお悔やみ申し上げます

スマート！

○ 心よりお悔やみ申し上げます

言いかえPOINT

「重ね重ね」は、不幸が重なることを想起させるため、お悔やみの言葉には不適切。お悔やみを伝える言葉には、「心より」と添えて丁寧に気持ちを伝えましょう。弔事で控えるべき言葉をまとめておきましたので（151ページ参照）、無意識に口にして失態を演じないよう、必ず目を通しておきましょう。

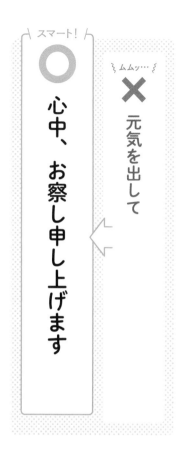

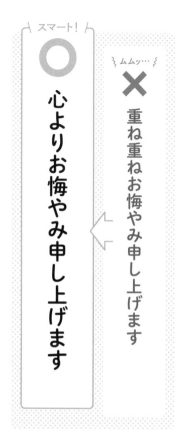

う〜ん

✕ ご冥福をお祈りします

スッキリ！

○ 安らかなお眠りをお祈りいたします

言いかえPOINT

定番フレーズの「ご冥福をお祈りします」ですが、実は「死後の幸せを祈る」という意味があり、浄土真宗やキリスト教では使われていません。故人の信仰する宗教や宗派がわからない場合も多いので「ご冥福を〜」という言葉は避けるのが無難。「安らかなお眠りをお祈りいたします」は、宗派を問わず使えます。

モヤモヤ

✕ 大往生でしたね

スマート！

○ ご長命とはいえ、残念でなりません

言いかえPOINT

「大往生でしたね」という言葉は「もう十分生きたじゃないですか」というニュアンスを含むため、親族以外が使うのは御法度です。お悔やみの言葉では、長生きした故人を讃え、お別れするのは寂しいという気持ちを伝えることが大切。ご長命であった場合でも、「残念でなりません」と言葉を添えましょう。

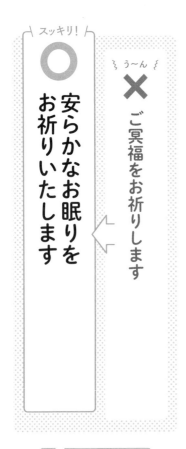

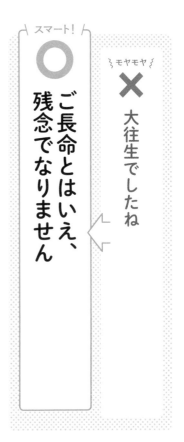

スマート！

○ このたびは突然のことで

イヤな感じ

× 急死されて驚きました

言いかえPOINT

弔事の際は、生死を直接表現する言葉は控えるのがマナーです（151ページ参照）。「急死」という言葉を投げかけられた相手は、冷たく悲しい現実を突きつけられたような気持ちになるでしょう。悲しみの中にいる相手を気遣い、「このたびは突然のことで〜」と、穏やかな表現を心がけましょう。

スッキリ！

○ お元気な頃には

う〜ん

× 生きていたときには

言いかえPOINT

「急死」と同様に、葬儀等の場面では「生きる」「死ぬ」など、命に関わる直接的な表現を用いるのは無神経（151ページ参照）。「礼儀知らず」「マナー知らず」と思われかねません。生前のことを言う場合は、「生きていたとき」と直接的な言い回しではなく、「お元気な頃」と和らげた言葉が適切です。

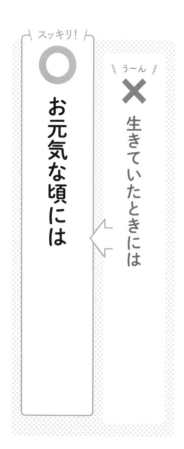

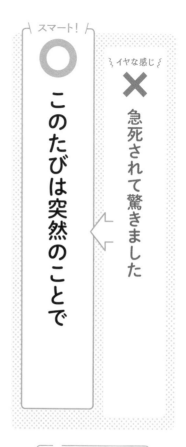

冠婚葬祭

事務的な連絡をしたい

ムムッ…

✕

大変なときにすいません。〇〇の件はどうなっていますか？

スマート！

○

大変心苦しいのですが、事務的なことを伺ってもよろしいでしょうか？

言いかえPOINT

同僚の親族が亡くなった際などに、事務的な連絡を取らなくてはいけないことがありますが、事務連絡口調になりすぎると、相手に冷たい印象を与えかねません。「大変心苦しいのですが」と気遣いの言葉を添えましょう。最初に「おつらいときに」と加えれば、穏やかな優しさが伝わり、より事務的な印象が和らぎます。

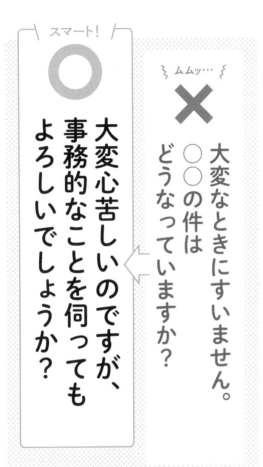

ワンポイント!

お悔やみの場面で避けたい 忌み言葉

不吉な言葉・生死に関わる言葉

消える　落ちる　浮かばれない

四(死)　九(苦)　死亡　生きていたとき

不幸が重なる、続くことを連想させる言葉

たびたび　重ね重ね　次々　近々

くれぐれも　いろいろ　いよいよ

わざわざ　しばしば　まだまだ

追って　また　再び　さらに　引き続き

生きていたときには
たびたびお世話になり
重ね重ね感謝しております
まだまだお仕事ご一緒
したかったです…
不吉！ 非常識!

これで教養力アップ 3

いざというときに役立つ
祝儀袋、香典袋のマナー

結婚式の招待状、祝儀袋や香典袋の準備は
失礼のないようにしたいもの。
金額や名前の書き方など、基本的なマナーを押さえておきましょう。

祝儀袋

裏面

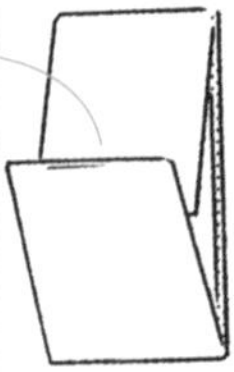
ご祝儀袋の下部分が上向きになるように折る

中袋の表面とご祝儀袋の表面が同じ方向になるように入れ、袋の下部分が上向きになるように折り畳む。袋の口が「慶事は上向き」「弔事は下向き」と覚えれば簡単

表面

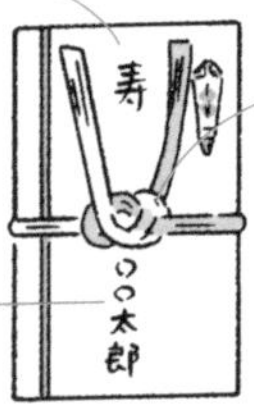
表書き（寿、御祝、御出産御祝など）
寿
○○太郎
名前（フルネーム）
結婚祝の水引はあわじ結び、結び切り

表書き…結婚の場合は「寿／御祝／御結婚御祝」

水引…結婚祝はほどけない「あわじ結び、結び切り」、何度あってもよい出産祝、入学祝などは何度も結び直せる「蝶結び（花結び）」

名前…フルネームで書く。連名の場合は、右から順に書く。最大3名まで。4名以上の場合は代表者の氏名を書き、「外一同」と左側に書き添える

中袋

金参萬円也
お札は肖像画を表の上部に

表面に旧字で金額、裏面に住所、氏名を書く（割り切れる金額、9はNG）

旧字…1→壱、3→参、5→五／伍、7→七、千→阡、万→萬

香典袋

中袋

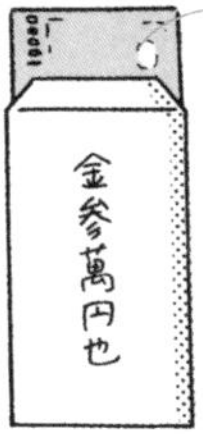

金参萬円也

お札は肖像画を裏面に向ける

表面に旧字で金額、裏面に住所、氏名を書く（割り切れる金額、9はNG）

旧字…1→壱、3→参、5→五／伍、7→七、千→阡、万→萬

表面

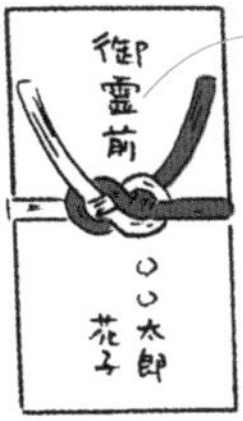

御霊前
○○太郎
花子

仏教の宗派がわからないときは御香典が無難

表書き…御霊前（仏教の通夜、葬儀、四十九日まで）／御仏前（四十九日以降、浄土真宗の通夜、葬儀）／御香典（宗派を問わない）／献花料（キリスト教）／御玉串料（神道）

水引…あわじ結び、結び切り（白黒、黄白）、双銀（総銀）

名前…祝儀袋と同様

裏面

香典袋の上部分が下向きになるように折る

中袋の表面と香典袋の表面が同じ方向になるように入れ、袋の上部分が下になるように折り畳む

招待状の返事

「御」を二重線で消し、出席を○で囲む。「御欠席」を二重線で消す。「出席」の前に「慶んで（喜んで）」、後に「させていただきます」と追記するとより丁寧

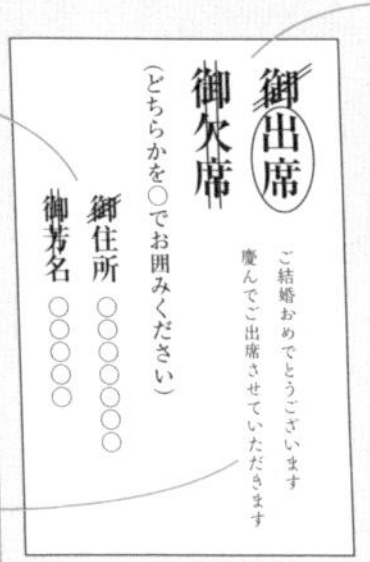

御出席
御欠席
（どちらかを○でお囲みください）
ご結婚おめでとうございます
慶んでご出席させていただきます
御住所 ○○○○○○○
御芳名 ○○○○○

住所の上の「御」と、名の上の「御芳」を二重線で消す

余白にお祝いの言葉を添える

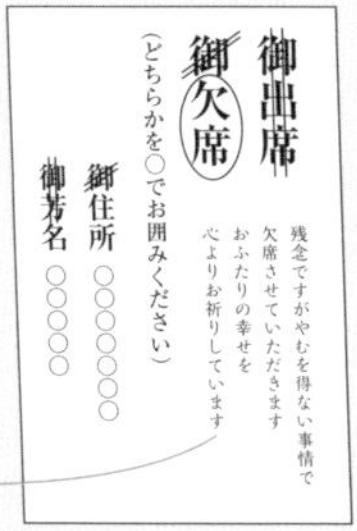

御出席
御欠席
（どちらかを○でお囲みください）
残念ですがやむを得ない事情で
欠席させていただきます
おふたりの幸せを
心よりお祈りしています
御住所 ○○○○○○○
御芳名 ○○○○○

欠席の事情はぼかし、お祝いの言葉を添える

9章 雑談をする

緊張をほぐし、人と人の距離を縮めるためにも雑談は不可欠です。空気を読んだり、上手に質問をしたり、ときには愚痴を聞いたり。雑談にはコミュニケーションに必要な要素がたくさん詰まっています。

ムムッ…
ゴルフの話、何度も聞きましたよ。私、ゴルフに興味ないんですよね～
なんだとー！
もう、君とは話したくない！

言い方次第で
こんなに好印象に！

スッキリ！

○

ゴルフが
お好きなんですね！
私のような運動音痴でも
ゴルフは
できるでしょうか？

この人と話すと楽しいな！
もっと話したいな♪

雑談をする

もっと仲よくなりたい

う〜ん

✕

私は〜○○が好き

好印象!

○

□□さんは、○○がお好きですか?

言いかえPOINT

自分の話ばかりでは、「自己中な人」という印象を与えるだけ。相手を主役にして、質問をする、いたわる、励ます、助ける、ほめる、感謝するなどの言葉をかけられる人は、自然と好かれて相手との距離が縮まります。もちろん、「口だけ」ではすぐにバレてしまいます。相手に気持ちを傾けながら本心で話すことが大切です。

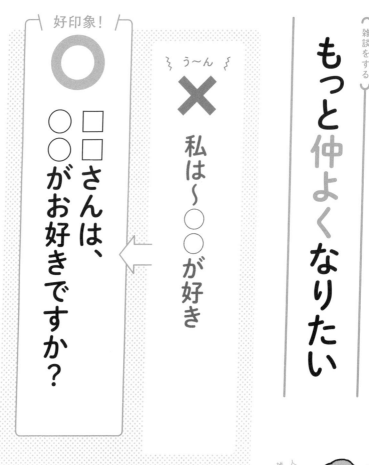

イヤな感じ

✕ えっ、あぁ、今なんて言った？

好かれる！

○ そうなんだ！それでどうなった？

言いかえPOINT

コミュニケーションにおいて、上の空はもってのほかです。一瞬でも「この人、私の話を聞いていないな」と思われたら、好感度は大幅にダウンします。相手の話を聞くことは、相手を大切にすること。相手の話に興味・関心を示すことで、好感度もグンとアップします。もちろん笑顔もお忘れなく！

イヤな感じ

✕ 30分も、待ちくたびれたよ

好印象！

○ 30分経っても来ないし連絡もないから心配したよ

言いかえPOINT

同じ「待たされた」という状況でも「待ちくたびれた」と「心配したよ」は、全く違う印象です。被害者意識から否定的な言葉が出てしまう気持ちもわかりますが、「心配したよ」と言われたほうが、相手は救われます。その後、一緒に過ごす時間のことも考えて、感情任せの言葉をぶつけるのは控えましょう。

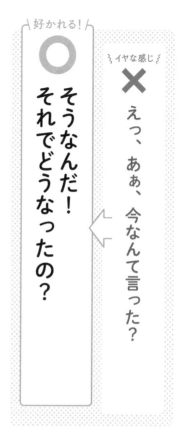

イヤな感じ

×

それ、自慢ですか？

好印象！

○

○○だなんて、
かっこいいですね！

言いかえPOINT

たとえ相手が自慢げに話していたとしても、ズバリ「自慢ですか？」なんて言ってしまうのはNG。その場の空気が凍り付いてしまうかもしれません。「ズケズケ言う人」というレッテルを貼られてしまっては、挽回するのは大変です。自慢だと感じても「かっこいいですね！」と軽やかな返しで乗り切りましょう。

モヤモヤ

×

○○さんには断られて…
□□さん、どう？

好印象！

○

□□さんにお願いしたくて！

言いかえPOINT

誘ったり、お願いをする場合、「あなたは特別！」「あなただけに！」というニュアンスで声をかけられると、気分がいいですよね。「○○さんには断られたから…」「みんなに声をかけたんだけど…」「人数が必要だったから…」などと言ってしまっては、「私は穴埋めか！」と不快に思われても仕方がありません。

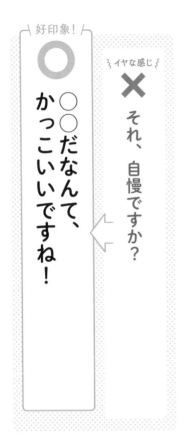

ワンポイント!

相手の心を開く！
“合いの手”集

へぇ〜！
エエッ！
それから？

それで
それで？

なるほど〜

本当ですか？
いいですね〜

スゴイ！
真似したい

もっと
聞きたい！

そんなことが！

たしかに

ごもっとも
です

ビックリです

雑談をする

会話を盛り上げたい

無愛想

✕

そうなんですか

好印象！

○

へぇ～、○○なんですね

言いかえPOINT

相手の発した言葉に対して「そうなんですか」と返すのは間違いではありませんが、相手からするとあまり手応えのない印象。そこでオススメなのがオウム返しです。「へぇ～、ラーメン好きなんですね」と、相手の言葉をそのまま返すだけで、興味を持って聞いていることが伝わり、みるみる会話が弾んでいきます。

普通…

× スゴイですね

好かれる！

○ **そのお話を聞いて私も○○したくなりました**

言いかえPOINT

「スゴイ」はほめ言葉ですが、薄っぺらい印象を与えてしまうので多用はオススメできません。本当に仲よくなりたいなら、感じたことを具体的に話しましょう。興味を持ったなら、「私も○○したくなりました」「どうやって作るんですか？」などと返せば、相手は嬉しくなり、ますます会話が盛り上がっていくでしょう。

う〜ん

× 最近忙しいですか？

イイね！

○ **最近、ご趣味の○○はどうですか？**

言いかえPOINT

「最近忙しいですか？」は社交辞令の言葉。「ぼちぼちでんな〜」と挨拶代わりの軽いやりとりであれば十分ですが、会話を盛り上げたいなら、以前の会話の内容をネタにしましょう。「お嬢様、４月から幼稚園でしたよね？」という具合。相手は覚えてくれていたことに感激・感動してくれるはずです。

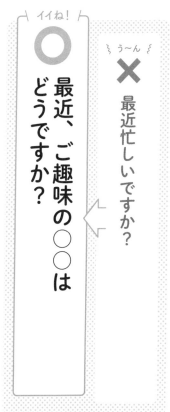

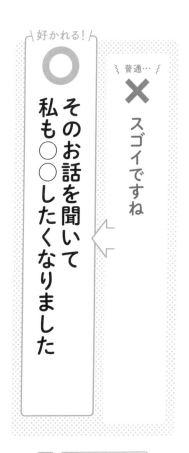

うーん

✕ いいですね

イイね！

○ **それ、前から気になっていたんです！使い心地はいかがですか？**

言いかえPOINT

相手の持ち物やファッションをネタに会話を盛り上げるのはいいアイデアですが、「いいですね」だけでは、相手は返事に困るかもしれません。興味があることを伝えたうえで、質問をしてみましょう。「どこで買ったんですか？」「他の色もあるんですか？」など、興味のおもむくままに素朴な質問から始めましょう。

ムムッ…

✕ エライですね〜

好かれる！

○ **それはなかなかできませんよ**

言いかえPOINT

「エライ」という言葉は、ほめ言葉のつもりでも、「上から目線！」「何様？」と思われることがあります。また、関西では「つらい」「きつい」という意味でも使われるので、文脈によっては誤解を生む恐れも。ほめる意味であれば「それはなかなかできませんよ」と言えば、上から目線の印象は解消されます。

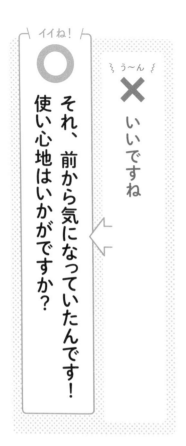

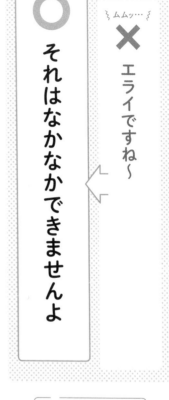

普通…

× 甘い物はお好きですか？

イイね！

○ 最近美味しかったスイーツは何ですか？

言いかえPOINT

「〜はお好きですか？」という質問には「はい」か「いいえ」で答えるしかありません。自由な返事ができるように続けて質問をしましょう。たとえば、「好きな食べ物は？」と聞けば「お肉が好き」「○○のお寿司が美味しい」「メロンには目がない」という具合に会話が膨らみやすくなります。

イヤな感じ

× 私、テニスに興味がないんです

好かれる！

○ 運動音痴な私でも、テニスはできるでしょうか？

言いかえPOINT

知識も興味もない話題で、返事に困ったからといって「興味がない」と言い切ってしまうと、相手はガッカリしてしまいます。会話を楽しみたいなら、自分が興味を持てる質問をしましょう。「ハマったきっかけは？」「醍醐味《だいごみ》は何ですか？」など素直に聞くだけで、自然と会話が盛り上がるはずです。

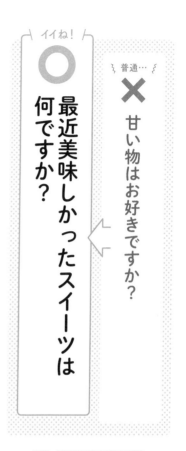

雑談をする

さりげなく話題を変えたい

イヤな感じ

✕

（突然）聞いてくださいよ！

スマート！

○

そういえば、今ふと思ったんですが

言いかえPOINT

話の途中で、突然「聞いてくださいよ」と言って会話を遮るのは強引すぎ！　たとえ親しい友人であっても「聞いて聞いて！」と相手の話を奪っていく人は嫌われます。話題を変えたい場合は、ウインカーを出すのが礼儀。相手の話を受け継ぐかのように「そういえば」と言えば、違和感なく話題を切り替えることができます。

スマート！

× ムムッ…
ふ〜ん。そんなことより〜

○
○○といえば〜

言いかえPOINT

「ふ〜ん」など興味がなさそうな反応をすると、「つまらない話だから話を変えましょう」という気持ちがダダ漏れ…。これでは好かれることもなければ、会話が盛り上がることもありません。相手の話から言葉を拾い、「○○といえば〜」と言えば、さりげなく話題をシフトさせることができます。

好かれる！

× ムムッ…
へぇ〜、そうなんだ

○
なるほど。勉強になりました。ところで〜

言いかえPOINT

相手の気分を害さずに話題を変えるには、あいづちでブレーキをかけるアプローチも有効。曖昧なあいづち、繰り返すあいづちは軽薄に聞こえるもの。「なるほど！」「たしかに！」などの強めのあいづちで、いったん相手の言葉をうまく引き取ったうえで、「ところで」のような“つなぎの言葉”で話題を変えましょう。

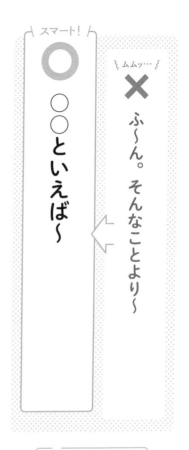

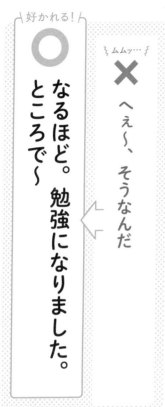

雑談をする

途中から会話に参加する

イヤな感じ

×

でもさ〜

好かれる!

○

へぇ〜、そうなんですね!

言いかえPOINT

話の輪に入っていくのが苦手な人は、声のかけ方が悪いのかも。否定的な言葉は使わずに「へぇ〜、そうなんですね!」と、軽やかに飛び込んでみましょう。うまく会話に入れなければ、固執せずにスッと引き下がればOK。会話はストレスを感じてまで頑張るものではありません。あなたと波長が合う人は、必ずどこかにいます。

ムムッ…

✕

私も入れてもらっていいですか？

イイね！

○

盛り上がってますね！
何の話ですか？

言いかえPOINT

会話をしている輪の中に、「私も入れて〜」と入って行くと、その場にいた人たちは構えてしまうかもしれません。楽しい雰囲気を壊さないよう、同じトーンで「盛り上がってますね！」と声をかけてみましょう。さりげなく「何の話ですか？」と投げてみて、返事が戻ってきたら、会話スタートです！

う〜ん

✕

（Aさんが会話に入りそびれている）
そうだよね、私もそう思う！

イイね！

○

Aさんはどう思います？

言いかえPOINT

会話に入りそびれている人（Aさん）がいたら、「私も、私も」と自分中心で話をするのではなく、Aさんを巻き込むような質問をして会話に入りやすくしてあげましょう。あなたが作ったきっかけで、Aさんが会話に加わり、そこからさらに会話が盛り上がれば、Aさんも周りの人も、あなたに好感を抱くはず！

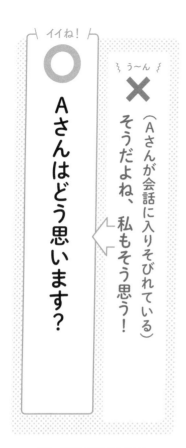

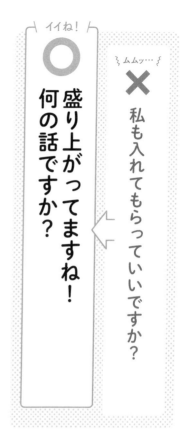

雑談をする

返事をする・質問に答える

無愛想

✕

はい、そうです

好印象！

○

そうなんです！今日は天気がいいから歩いてきました

言いかえPOINT

相手の質問にイエス、ノーで答えるだけでは、「何だかぶっきらぼう…。話したくないのかな？」と、思われるかもしれません。ハッキリ言って悪印象。返事をする際は、「答え＋理由」をセットで伝えましょう。質問には必ず意図があります。質問者の気持ちを汲んでひと言添えることで、お互いに次の言葉が出やすくなります。

モヤモヤ

×

面白かったです…

好かれる！

○

面白かった！
特に○○は爆笑でした

言いかえPOINT

質問に対する返事がひと言だけだったり、語尾を濁す言い方だったりした場合、そっけないと思われても仕方ありません。何かをごまかしているような印象を与えてしまうことも。特に感想や意見を求められる流れでは、自分の考えを示すことが大切。具体的な理由まで添えれば、より納得感が高まります。

うーん

×

（ほめられたときの返事）
全然よくないですよ～

イイね！

○

ありがとうございます。
私もお気に入りなんです

言いかえPOINT

ほめられたときに謙遜を繰り返す人がいますが、相手にあまりいい印象を持たれません。ほめ言葉を拒絶することは、相手を拒絶することと一緒。せっかくの相手の気遣いも水の泡です。もちろん、自慢にならないようサジ加減は必要ですが、ほめ言葉をもらったら、素直に嬉しい気持ちを表現しましょう。

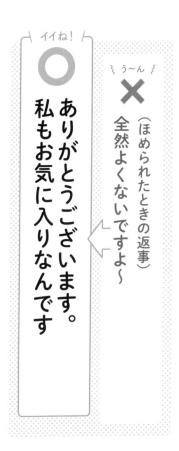

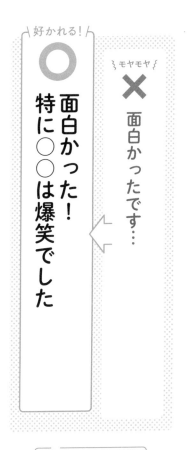

普通…

✕ いいえ、どういたしまして

好かれる！

○ こちらこそありがとうございました

言いかえPOINT

お互い様の状況で「ありがとうございました」とお礼を言われた際に、「いえいえ、どういたしまして」と返すだけでは、お礼の言葉を受け取りっぱなしの印象です。お礼を言われてイヤな人はいませんから、「こちらこそありがとうございました」と“お礼のオウム返し”をしましょう。好感度がアップします。

無愛想

✕ 私にはよくわからないです…

好かれる！

○ それは大変そうですね。私は○○で～

言いかえPOINT

共感できない内容だからといって「わからない」で済ませると、相手は突き放されたように感じます。できるだけ共感できる部分を見つけ、そのうえで「わかります」という気持ちと一緒に、自分の体験や意見も伝えてみましょう。もちろん、ウソの感想はNG。墓穴を掘ることになるので注意しましょう。

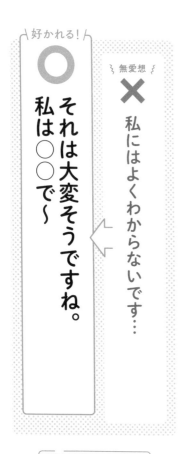

モヤモヤ

✕

そうですか…

イイね！

○

そうなんですね！
○○って何が有名なんですか？

言いかえPOINT

返事のひと言で、会話のトーンはガラリと変わります。「そうですか…」と「そうなんですね！」では、後者のほうが断然楽しそう。さらに、会話に出たキーワードを拾って質問したり、自分の体験談を交えて返したりすれば、会話はどんどん膨らみます。これが会話の醍醐味！　好奇心を持つことが大切です。

普通…

✕

（10キロも痩せたと聞いて）
スゴイですね

イイね！

○

どうやって10キロも
痩せたんですか？

言いかえPOINT

相手の言葉の中に具体的な数字や固有名詞が出たら「触れてほしい」のサインです。「スゴイですね」のひと言であっさり流すと、相手は拍子抜けしてガッカリしてしまうかもしれません。「どうやって10キロも痩せたんですか？」と質問を返せば、相手は「待ってました！」とばかりに楽しく話し始めるでしょう。

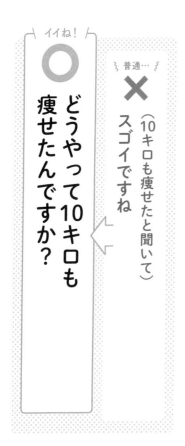

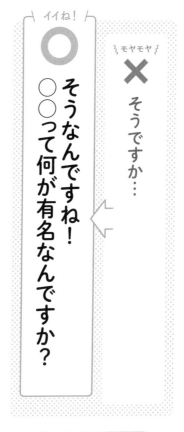

雑談をする

乗り気にさせる誘い方

威圧的

✕

○○に行きたい。行こうよ！

好印象！

○

今、人気の○○、もし興味があったら行かない？

言いかえPOINT

誘うときも相手への配慮が必要です。自分の「行きたい！」をアピールするばかりでは、自己中な人だと思われかねません。相手の関心事に矢印を向けながら「今、人気の○○」と切り出せば、相手も前のめりに！　「もし興味があったら」と誘いの言葉を添えることで、強引な印象を避けられます。

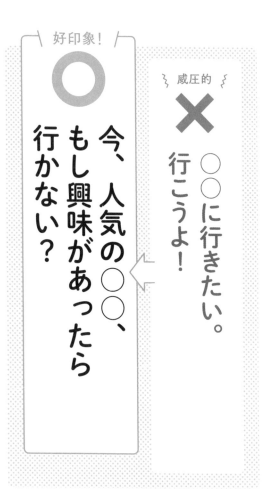

うーん

✕ 仕事を離れてお話しませんか？

スマート！

○ 一度、食事でもいかがですか？

言いかえPOINT

親交を深めたいと思い「仕事を離れて～」と食事に誘うと、「何か魂胆があるのでは？」と相手に警戒されてしまうかもしれません。「食事でもいかがですか？」と軽やかに声をかけ、「カレーがお好きだとおっしゃっていたので」など、以前の会話の内容から誘う理由を拾えば、OKをもらいやすくなるはずです。

ムムッ…

✕ 今晩、ごはんでもどう？

イイね！

○ 来週の水曜日、ごはんでもどう？

言いかえPOINT

急な誘いはオススメできません。たとえ行ける状況であっても「なぜもっと早くに言ってくれなかったの！」「事前にわかっていればオシャレしてきたのに」などと思われるかもしれません。それぞれ、仕事の都合もオシャレの都合もあるのです。OKをもらう確率を高めたいなら“誘いは早めに”が鉄則です。

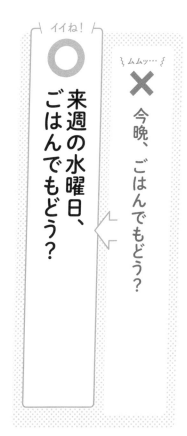

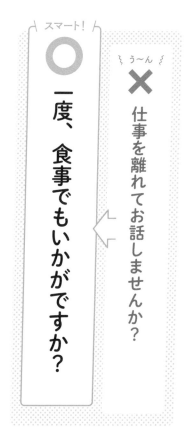

愚痴に対する上手な返し

無愛想

✕ そんなの知らないよ

好かれる!

○ うんうん

言いかえPOINT

愚痴はガス抜き。聞いてあげるだけで相手はスッキリするものです。しかし、上手に受け答えができないと、双方とも疲れてしまうことに。愚痴を聞く際は、親身に聞くのはもちろん、否定や批判、自分の主張をしないことも大切。「うんうん」と聞いては流し、ネガティブな気持ちを受け止めすぎないようにしましょう。

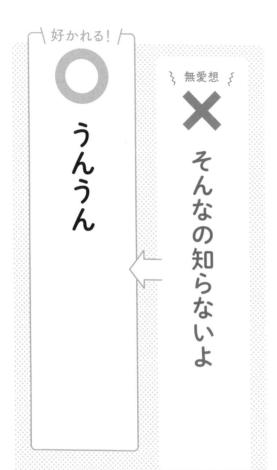

イヤな感じ

×

ふーん、どっちもどっちじゃん

好かれる！

○

そっかそっか

言いかえPOINT

愚痴を聞いていると、「どっちもどっち」と思うことは珍しくないでしょう。しかし、それをストレートに伝えてしまうと、火に油を注ぐことになりかねません。「そっかそっか」と、優しい言葉で理解を示しましょう。くれぐれも「それはムカつくな！」などと激しく共感しすぎないように注意しましょう。

イヤな感じ

×

そんなこと言っちゃダメだよ

好かれる！

○

○○なんだね

言いかえPOINT

愚痴を言っている相手が、おかしなことを言っていても、否定したり、諭したりする発言は控えましょう。相手が冷静さを欠いていると、話がこじれてしまうことがあります。愚痴に対しては「ちゃんと聞いていますよ」という姿勢を伝えることが大切。「上司がムリを言ったんだね」とオウム返しをしましょう。

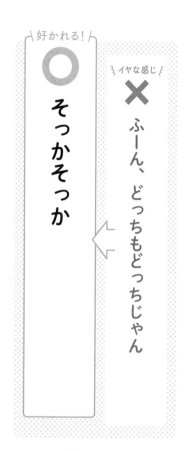

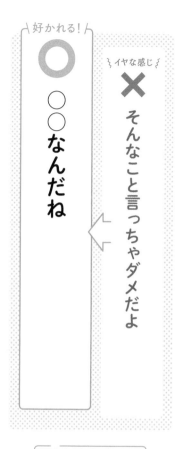

また同じ話題…どう返す？

イヤな感じ

×

その話、何度も聞きましたよ

好印象！

○

○○の話ですね！面白いですよね

言いかえPOINT

同じ話を何度もしてしまう。これは誰にでもあり得ることです。「またその話ですか～」「何度も聞きましたけど」と冷たくあしらうと、相手を傷付けてしまったり、場の空気をしらけさせてしまったりすることも。さりげなく「聞いたことがある」旨を伝えつつ、「あの話は面白いですよね」と寄り添う言葉をかけましょう。

ワン
ポイント！

こんな話題は
モメ事の原因！

雑談のネタは自由ですが、参加するみんなが楽しめる会話を目指したいものです。もし、Hというチームが好きで、「今日はHが勝ちました！　相手はKだったんですが、楽勝でした」と言ったとします。試合に勝利してご機嫌なのはわかりますが、会話のメンバーの中にもしKチームの熱烈なファンがいたら…間違いなくイヤな気分になるでしょう。場合によってはケンカになることもあります（海外ではサッカーの熱烈なサポーター同士が乱闘を起こし、殺人事件に発展したことも！）。

選挙や政治、宗教、思想、人種などの話題でも、同じようなことが起こり得ます。文化の違い、価値観の違いは、戦争すら引き起こすこともある“デリケートな話題”だと肝に銘じておきましょう。

避けたい雑談ネタ

政治　**思想**　**人種**　**宗教**

応援しているチーム　**政治性の強い文学や芸術**

COLUMN 6

ちょっと待って！その発言…自慢&マウンティングかも！

何気ないひと言が、不快感を与えることは珍しくありません。そんなふうに言われると、「会話が怖くなる…」と思った人もご安心ください。自分の価値観を誇示しすぎないことが、予防の秘訣です。

マウンティング

口で言うのは簡単だよね

こう聞こえているかも…

どうせできないんでしょ？

意見を言った人に対して「口で言うのは簡単」という言葉を返しては身も蓋もありません。こんな発言を繰り返していると、誰もあなたに思ったことを言えなくなります。

マウンティング

え〜、知らないの？
○○知らない人っているんだ〜

こう聞こえているかも…

そんなことも知らないなんて、ダッサ〜

「知らないの？」は、よく使われる言葉ですが、言われて気持ちのいい言葉ではありません。シーンや言い方に気配りが必要。「知らない人っているんだ〜」などと、小バカにした言い方はもってのほか！

自慢

そんなのオレたちの若いころに比べたらマシだよ

こう聞こえているかも…

昔はもっとスゴかった。いまどきの若者は甘い！

具体的でためになる話であれば歓迎されますが、「オレたちの時代はもっと頑張ってた／根性あった／よかった」などの昔自慢は嫌われるだけです。

自慢&マウンティング

今年の夏はパリ、秋からはニューヨークなんだ。日本人って消極的だけど、海外の人はポジティブでさ～

こう聞こえているかも…

日本人とは合わないんだよね～

暗に日本人をディスっているうえに、「自分は世界で活躍中！」という、自慢&マウンティングのダブル上から目線。不快に感じる人もいるはずです。

マウンティング

独身って気楽だけど、寂しいよね

こう聞こえているかも…

まだ独身だなんて、孤独な人だな〜

価値観が多様化した現代では、結婚するのが当たり前という考えは通用しません。「独身＝寂しい」という決めつけもナンセンス！　オフィスでこの手の話をするとハラスメントと受け取られるリスクもあります。十分に注意しましょう。

自慢

プロジェクトリーダー任されちゃって、ずっと寝不足

こう聞こえているかも…

な〜んつって、オレって仕事ができちゃう系

よくある「忙しい自慢」。「昨日も2時間しか寝てない〜」などと自虐風に話しても、相手は「ホントはもっと寝てるだろ」ぐらいにしか思っていないのですが…。「忙しぶる人＝仕事がデキない人」と思われていることに気づいていない点もイタイところです。

マウンティング

もっと積極的にいかないとモテないよ!

こう聞こえているかも…

私って、モテるからわかるのよ~

「○○しなきゃダメ」「○○しなよ」という上から目線のアドバイスは、「余計なお世話!」と思われるだけ。「私はわかってる」という自信満々な感じも相まって、あまり好かれません。なお、プライベートに関するアドバイスは、「相手に求められたときだけ」にとどめておくのが得策です。

自慢&マウンティング

ゴメン~! その日は○○の社長さんと○○で食事なの

こう聞こえているかも…

ハイクラスなの、ワ・タ・シ♡

参加の可否を聞いただけなのに、自慢を盛り込んで返されると、「うっとうしい!」「誰もそんなこと聞いてないけど!」と思われる可能性大。自慢&マウンティングの臭いが出てしまっています!

自慢&マウンティング

**夏休みはどっか行った？
え〜、どこも行ってないの？
私はハワイでエルメスの
新作買っちゃった〜**

こう聞こえているかも…

旅行もできないなんて、
貧乏なのかしら？

会話は、お互いに興味を持ち合いキャッチボールをしてこそ成立します。一方的な興味や価値観で会話を支配するのは御法度！　特に旅行や買い物の話は自慢だと思われやすいもの。注意深く相手の反応を見ながら、受け答えをしましょう。

マウンティング

**子どもって大変だけど、
いいものよ〜**

こう聞こえているかも…

子どもがいる私って幸せ〜。
独身、子どもナシなんて
不幸じゃね？

「子どもがいる私のほうが幸せ」という、完全なマウンティングの構図です。会話の相手に、子どもに恵まれない人や子どもを断念していた人がいた場合、深く傷付けてしまうかもしれません。価値観を押しつけたり、配慮を欠く発言は控えましょう。

自慢&マウンティング

平均年収400万円って
ウソだよな。オレですら
700万円稼いでるんだから

こう聞こえているかも…

みんな貧乏だな〜
お前も貧乏なんじゃね？

他人と比べて、暗に自分が稼いでいることを自慢し、上の立場にいると誇示しているように感じられます。「〜ですら」は要注意！「子どもですらできる」と言えば、できない人をおとしめることになります。

自慢

これ、この前のパーティで
撮ったんだよ。
女優の○○さん、
めっちゃキレイだったわ〜

こう聞こえているかも…

オレはイケてる業界人。
ほれ、うらやましいだろ？

「誰それと知り合いだ」「有名人と会った」などは、自慢だと思われても仕方がありません。相手は「わ〜スゴイ！　いいな〜」と言っていても、心の中で「だから何？」と思っているかもしれませんよ！

よくある 敬語の間違いをまとめておさらい！

スマートに敬語を使いこなしている人は、上品でデキる印象。ビジネスにおいても、信頼を得やすいでしょう。ところが、世の中には間違って使われている敬語が少なくありません。自分が使っている敬語が間違っていないか、正しい表現をチェックしておきましょう。

✕ 社長が参られました

○
社長がお越しになりました
社長がお見えになりました
社長がおいでになりました
社長がいらっしゃいました
社長が来られました

✕ ロビーでお待ちしてください

○ ロビーでお待ちになってください

✕ 田中様でございますか？

○ 田中様でいらっしゃいますか？

△ ご出身はどちらでございますか？

○ ご出身はどちらでいらっしゃいますか？

△ お元気でございますか？

○ お元気でいらっしゃいますか？

× 資料を拝見されてください

○ 資料をご覧ください
資料をご覧になってください
資料をご覧くださいませ

× 遠慮なくお伺いください

○ 遠慮なくお尋ねください
遠慮なくお聞きください

× ～の件は、伺っておりますか

○ ～の件は、お聞きになりましたか

× 弊社の山田がよろしくとおっしゃっていました

○ 弊社の山田がよろしくと申しておりました

× 今、社長が申されたように

○ 今、社長がおっしゃったように／言われたように

✕ 誠に恐縮とは存じますが

○ 誠に恐縮ですが

✕ ご利用できます

○ ご利用いただけます
ご利用になれます

✕ 忘れ物いたしませんよう

○ 忘れ物なさいませんよう

✕ お預かりしたお荷物はいかがなさいますか？

○ お預かりしたお荷物はいかがいたしますか？
※「なさいますか？」は、相手の行為を尋ねる言葉
「いたしますか？」は、自分がどうすればよいかを尋ねる言葉

✕ この商品はよく知っております

○ この商品はよく存じております
※目上の人に対しては「知る」の謙譲語「存ずる」を使う

✕ かねてから存じております

○ かねてから存じ上げております
※「知っている」対象が人の場合は「存じ上げます」を使う

✕ 社長、準備は結構でしょうか？

○ 社長、準備はよろしいでしょうか？

✕ 弊社の担当は山口課長です

○ 弊社の担当は山口です
※課長は敬称。身内には使わない

✕ 会議室はこちらになります

○ 会議室はこちらでございます

△ 資料をご持参ください

○ 資料をお持ちください

✕ 課長が参加いたす予定です
課長がご参加される予定です

○ 課長が参加される予定です
課長がご参加なさる予定です
課長がご参加になる予定です

✕ 部長もお目にかかりますか？

○ 部長もお会いになりますか？

✕ 社長が会議室でお待ちしております

○ 社長が会議室でお待ちになっています

✕ ご確認してください

○ ご確認ください（ませ）
ご確認なさってください

✕ 皆様でお食べになってください

○ 皆様で召し上がってください

✕ 来ていただけますか？

○ お越しいただけますか？
おいでいただけますか？

✕ 誰にご用でしょうか？
どなたにご用でしょうか？

○ どの者にご用でしょうか？
どちらの者にご用でしょうか？

△ お座りになってお待ちください
座られてお待ちください

○ おかけになってお待ちください

△ どなた様ですか？

○ どちら様でいらっしゃいますか？

× お客様をお連れいたしました

○ お客様をご案内いたしました

× こちらでよろしかったでしょうか？

○ こちらでよろしいでしょうか？
こちらでよろしいですか？

× ゴルフはおやりになりますか？

○ ゴルフはなさいますか？

× 弊社担当にお伝えいたします

○ 弊社担当に申し伝えます

△ 部長、ご一緒いたします
部長、ご一緒させていただきます

○ 部長、お供いたします
部長、お供させていただきます

× 本日、岡田はお休みをいただいております

○ 本日、岡田は休暇をとっております
本日、岡田は休んでおります

× もう一度おっしゃってください

○ もう一度おっしゃっていただけませんか

× 奥様に差し上げてください
奥様にお渡ししてください

○ 奥様にお渡しください

読者限定！ 無料音声プレゼント！

伝え方・返し方の技術
特別音声セミナー

著者の山口拓朗より読者の皆さまへ、音声セミナーのプレゼントをご用意しました。本書の内容とあわせてご活用ください。

※ダウンロードされた方には、山口拓朗のメールマガジンで継続して情報をお届けします。

QRコードからアクセスしてください
https://maroon-ex.jp/fx74022/ea7uMZ

著者PROFILE

山口《やまぐち》 拓朗《たくろう》
伝える力【話す・書く】研究所所長
山口拓朗ライティングサロン主宰

出版社で編集者・記者を務めたのちライター＆インタビュアーとして独立。25年間で3500件以上の取材・執筆歴がある。現在は執筆や講演を通じて「好意と信頼を獲得する伝え方・書き方」「語彙力を磨いて人生を豊かにする方法」「『また会いたい』と思われる！コミュニケーションの技術」など実践的なノウハウを提供。北京ほか中国６都市で「Super Writer養成講座（3日間講座）」も実施（現在23期）。

著書に『伝わる文章が「速く」「思い通り」に書ける87の法則』（明日香出版社）『9割捨てて10倍伝わる「要約力」』（日本実業出版社）『会社では教えてもらえない　ムダゼロ・ミスゼロの人の伝え方のキホン』（すばる舎）『できる人が使っている大人の語彙力＆モノの言い方』（PHP研究所）ほか20冊以上。言葉と伝え方の本質をとらえたノウハウは言語の壁を超えて高く評価されており、中国、台湾、韓国など海外でも15冊以上翻訳されている。

◇山口拓朗の公式サイト　**http://yamaguchi-takuro.com/**
◇山口拓朗ライティングサロン　**https://yamataku-salon.com/**
◇山口拓朗の連絡先　**yama_tak@plala.to**

デザイン
佐久間勉・佐久間麻理
(3Bears)
イラスト
田渕正敏
編集協力
藤岡操
校正
玄冬書林

好《す》かれて人間関係《にんげんかんけい》がラクになる！
言《い》い方《かた》&返《かえ》し方《かた》の技術《ぎじゅつ》

2021年8月1日 第1刷発行

著　者　山口拓朗《やまぐちたくろう》
発行者　吉田芳史
印刷所　株式会社文化カラー印刷
製本所　大口製本印刷株式会社
発行所　株式会社日本文芸社
〒135-0001　東京都江東区毛利2-10-18 OCMビル
TEL 03-5638-1660（代表）

Printed in Japan　112210719-112210719 Ⓝ01（050023）
ISBN978-4-537-21907-4

編集担当：河合

内容に関するお問い合わせは、小社ウェブサイトお問い合わせフォームまでお願いいたします。
https://www.nihonbungeisha.co.jp/